人民法官
鲍卫忠

中共云南省委组织部 编著

党建读物出版社

鲍卫忠,男,佤族,云南省临沧市沧源佤族自治县人,1976年6月29日生。本科学历,1994年10月参加工作,2006年7月加入中国共产党。2021年10月21日,在工作岗位上突发疾病,经抢救无效于10月23日因公牺牲,年仅45岁。生前系沧源佤族自治县人民法院党组成员、执行局局长,一级法官。

1994年10月至1997年10月,在沧源佤族自治县单甲乡农经站工作。

1997年10月至2002年10月,在沧源佤族自治县人民法院任书记员(科员)(其间:1998年7月至2001年7月在全国法院干部业余法律大学法律专业班在职大专学习)。

2002年10月至2012年3月,在沧源佤族自治县人民法院任书记员管理办公室主任、书记员(副科级)。

2012年3月至2013年12月,在沧源佤族自治县人民法院任见习助理审判员(副科级)。

2013年12月至2015年8月,在沧源佤族自治县人民法院任执行局副局长、审判员(副科级)。

2015年8月至2021年10月,在沧源佤族自治县人民法院任党组成员、执行局局长(正科级),审判员、一级法官。

所获主要荣誉

2017年12月	被临沧市中级人民法院评为全市法院先进工作者。
2018年 2月	获最高人民法院"荣誉天平奖章"。
2018年11月	被中共沧源佤族自治县委组织部记三等功一次。
2021年10月	被中共沧源佤族自治县委追授为全县优秀共产党员。
2021年12月	被临沧市精神文明建设指导委员会评为"感动临沧2021年度人物"。
2022年 1月	被中共云南省委政法委、云南省人力资源和社会保障厅追授为"云南省政法英模"。
2022年 1月	被中共临沧市委追授为"临沧市优秀共产党员"。
2022年 8月	被中共云南省委追授为"云南省优秀共产党员"。
2022年 9月	被人力资源和社会保障部、最高人民法院追授为"全国模范法官"。
2022年10月	被中共云南省委宣传部追授为"云岭楷模"。
2022年11月	被评为"2021年度云南十大法治新闻人物"特别致敬奖。
2022年11月	被云南省文明办评为"云南好人"。
2022年12月	被司法部、全国普法办公室、中央广播电视总台评为"2022年度法治人物"。
2023年 1月	被中央文明办评为"中国好人"。

目录

001　前言　致敬"大写的人"

第一章　对党忠诚　信念坚定

004　述评　边境一线践初心
007　"我没力气了，先歇一下"
010　践行总书记回信精神
013　声声念故人
017　"成为像父亲那样的人"
020　"扶上马，送一程"
023　"这个年轻人怎么没有来"
026　抢救室外的来电
029　鲍局长的笔记本

第二章　牢记宗旨　一心为民

036　**述评　把群众利益放在第一位**

039　"谁都别跟我争"

043　谷·雨

046　"家贼"难防

050　便利贴上的办案"密码"

053　最后一条微信

056　面对当事人打来的骂人电话

059　"迈出去的是脚步，带回来的是民心"

062　打赌

065　"案款到账，赶紧支付"

068　让群众用上沼气

071　翻山越岭只为见这一面

074　"微商"局长

077　为了打通"最后一公里"

第三章　公正司法　担当作为

084　述评　让人民群众感受到公平正义

086　1小时理清70余笔不明案款

089　以真心换真心

092　"孩子不要急"

095　"鸡蛋里挑骨头"的人

098　"不要轻易采取强制措施"

101　"我们拿着国家付给的工资"

104　好事多磨

107　一面锦旗

110　让持续8年的纠纷画上圆满句号

第四章 严于律己 清正廉洁

118　述评　保持为民务实清廉的政治本色

120　跟师傅一起啃包子

123　退不回去的核桃

126　忘不了的"洋瓜鸡"

129　没有实现的西藏之旅

132　"他心里有咱们老百姓"

135　"103"号警车

第五章　有情有义　热血男儿

142　述评　铁汉柔情　人间大爱

144　迟到 10 年的婚纱照

147　等不到回复的微信

150　两枚热乎乎的煮鸡蛋

153　特别的爱给特别的你

157　写给爸爸的信

161　拼接的结婚照

163　妻子的自责

166　不称职的父亲

169　外地同事的节假日

173　热心肠的老同学

176　灯影下的少年

179　一封迟到 22 年的信

182　没能兑现的诺言

185　"赶考"路上你我同行

188　球技不高的篮球队长

191　后　记

前言

致敬"大写的人"

2023年5月30日,最高人民法院、中共云南省委在昆明隆重举行追授鲍卫忠同志荣誉称号表彰大会。会议开始前,会场循环播放着那首传唱大江南北几十年的歌曲《阿佤人民唱新歌》。这也是鲍卫忠生前很喜欢唱的一首歌。

鲍卫忠是谁?他是一个怎样的人?人们对他的赞誉和怀念为何经久不息?伴着《阿佤人民唱新歌》的动人旋律,我们的思绪不禁飞向祖国西南边陲的小城——云南省临沧市沧源佤族自治县。走进阿佤山乡,通过深入寻访,鲍卫忠的形象逐渐清晰、生动起来。

一

他是红色基因的传承人。

位于滇南的沧源佤族自治县,面积不大,绝大部分地方是山区;人口不多,却有佤族、傣族、彝族等20多个世居少数民族。这里也是"一跃千年"的少数民族"直过区"。

这里，有班洪抗英保家园、班老回归跟党走的光辉历史；这里，有传唱不衰的经典民歌《阿佤人民唱新歌》；这里，有收到习近平总书记回信的边境村老支书们。长期以来，沧源县各族群众在团结发展进步的征程中，始终传承着感党恩、听党话、跟党走的红色基因，书写了"党的光辉照边疆，边疆人民心向党"的辉煌篇章。

出生于1976年的鲍卫忠，就是在这片红色热土上成长起来的。1997年，鲍卫忠刚入职沧源县人民法院时，就在自己的工作笔记中写道："我出身于边疆少数民族家庭，是党和人民将我这个佤族孩子培养成才，让我安身立命。这份恩情，我将用一生干好本职工作来报答，始终做到无愧于党、无愧于人民。"

2021年8月19日，习近平总书记给沧源县边境村老支书们的回信，在干部群众中引起热烈反响。当年8月30日，在学习总书记回信精神的研讨会上，鲍卫忠发言说："在唱响'新时代幸福之歌'征程上，我们要把习近平新时代中国特色社会主义思想传达到村村寨寨，不断提升为人民服务的本领，充分发挥职能作用，为阿佤山建设提供强有力的司法保障。"

之后不久，鲍卫忠就和同事来到边境村老支书们所在的班洪乡，和老支书们座谈交流，商议推进诉源治理工作。参加交流的老支书胡德学，至今还记得与这个"朴素、精神的佤族汉子"的一面之交。2022年国庆节之后，班洪乡挂起"老支书调解室"的牌子，此时鲍卫忠已经去世一年。

在 2006 年鲍卫忠向党组织递交的入党申请书里，有这样一段话："申请入党，不是为了个人的利益和名誉，而是为了使自己成为一个有高尚品德和崇高理想的人，一个对人民有利的人……"

正如老支书胡德学所言，鲍卫忠的先进事迹中包含着他作为一名共产党员的初心和密码，值得阿佤人民宣传他、纪念他。

二

他是公平正义的守望者。

鲍卫忠始终把贯彻习近平总书记"努力让人民群众在每一个司法案件中感受到公平正义"的重要指示精神作为毕生追求，24 年如一日坚守在边疆基层，挺直腰杆执法，俯下身子办案，奋斗在执法办案、服务群众的最前沿。

多年来，鲍卫忠带领执行干警踏遍佤山的村村寨寨，办案里程达上万公里，逐个攻破积压多年的执行难题，化解了 650 件"钉子案""骨头案"。一个标的 5000 元的案件，他先后 6 次、累计行程 400 多公里，促进案结事了人和。

在他的办公室文件柜上，密密麻麻地贴着便利贴。每一张便利贴背后，都关乎一个当事人乃至一个家庭的生活与希望，这是鲍卫忠的办案"密码"。

再小的事，只要关乎群众利益，他都会细致妥帖地处理好，哪怕只是一袋"退不回去的核桃"——面对给他送来一袋新鲜核桃，转身就跑得没了踪影的群众，他按市价把钱款送到对方家里，既坚持原则又不失人情味。

他负责承办的800余件执行案件,无一起关系案、人情案、金钱案,让人民群众切实感受到公平正义就在身边。

长期与基层各族群众打交道,群众把他看作是"免费的法律顾问"。在制定村规民约时,为防止内容与现行法律冲突,村里还专门请他帮忙把关。

"天上多了一颗星星,是你守望的身影……"这是鲍卫忠的同事在他去世后,根据他的事迹创作的歌曲《守望》中的歌词。星光闪烁,守望着通向公平正义的漫漫征途。

卫护公平、忠于正义,鲍卫忠用生命诠释了自己的名字。

三

他是各族群众的贴心人。

鲍卫忠执法如山,却又温润如玉。

他体恤群众疾苦,给生活陷入困境的申请执行人争取和办理司法救助,先后为61位特困申请人解了燃眉之急,累计发放司法救助金90万余元。他发给县法院财务人员的信息,往往都是重复这样一行字"案款到账,赶紧支付"。

他为暂时无力还款的被执行人垫付8840元执行款,帮助看病急需用钱的申请人暂渡难关。他主动为被执行人推销农产品,帮助其尽快还清欠款。在生命的最后时刻,他仍不忘叮嘱同事核实司法救助申请情况。

面对一起长达8年、牵涉两个民族群众的土地纠纷，他不怕吃闭门羹、更不惧当事人一时冲动的威胁，用"各族人民一家亲，九老九代不丢伴"的佤族族训耐心劝解，最终打开了当事人的"心结"，促成"案结"。

1997年，21岁的鲍卫忠还在沧源县单甲乡农经站工作。当年雨季，连日的暴雨冲断了道路。作为实地抢险组组长，一向温和的鲍卫忠大喝一声"谁都别跟我争"，随后拿起锄头一步步走向塌方路段勘察险情。

2003年，鲍卫忠被下派乡镇挂职，并驻村开展生态村、文明村、小康村"三村"建设工作。驻村3年时间里，鲍卫忠带领村干部排除重重困难，完成所在村200余户村民的旧房改造工作，让全村老少900多人住上了新房；修通5条进出村公路，解决了群众"出行难""运输难"问题。

当年轻同事向他请教执行办案的诀窍时，"经验老到"的鲍卫忠淡然地说出了他的八字"秘诀"："走着、听着、看着、写着。"

行行重行行，人心换人心！服务群众20余载，鲍卫忠无怨无悔。他常说："我们迈出去的是脚步，带回来的是民心。虽然辛苦，但却值得！"

四

他是有情有义的好男儿。

工作之外的鲍卫忠，是一个性格开朗、热爱生活的人。

对家人，他体贴关爱。在父亲瘫痪在床的10年里，鲍卫忠一下班就匆匆忙忙往家里赶，回家和妻子一道给父亲喂饭、擦洗身子、聊天解闷。当年，他会给还是未婚妻的周红弹着吉他唱一曲《特别的爱给特别的你》，还用磁带录制了吉他弹唱"个人专辑"；结婚10年后，他仍没忘记妻子新婚时留下的遗憾，找机会拉着她补上了梦寐以求的婚纱照。他在笔记本上认真地记下两个儿子念叨的科幻电影片名，打算找机会满足孩子们的好奇心和求知欲。鲍卫忠曾和妻子许下愿望：一起送孩子上大学、退休后到山里养鸡、老了去跳广场舞……

对同事，他热忱友善。工作中，他会事无巨细地把自己摸索出的经验总结成通俗易懂的话，分享给新同事；他勉励想要放弃的同事鼓起勇气备战司法考试，并与之结伴"赶考"，最终先后成功"上岸"；中秋节时，他招呼从外地考入沧源县人民法院的年轻同事到自己家过节，一起用佤语合唱"月亮升起来……"，这份如老大哥般的关心一直持续了10多年。

对群众，他以诚相待。很多人说，每办一个案件，鲍卫忠都会多一个兄弟和朋友。当然，这样的朋友绝非酒肉之交。一位当事人收到鲍卫忠奔波7个月为他追回的1万多元执行款，深知其中不易，想请鲍卫忠和办案人员吃顿饭，表达感谢之情。鲍卫忠婉言谢绝："我们拿着国家给的工资，这些都是应该做的。"鲍卫忠追悼会那天，很多人从十里八乡赶来为他送行，其中有不少曾是他经办案件的当事人，甚至是被执行人。

鲍卫忠去世后，有这样两封信令人不忍卒读——

一封是鲍卫忠写给新婚妻子周红的信，落款时间是2000年6月

24日。鲍卫忠去世后的第二年，妻子周红才在偶然间发现这封信。那时鲍卫忠和妻子刚结婚不久，一个在县法院、一个在乡镇工作。"没有你在身边陪我，真不知道会怎样，不过想起你对我的爱，心也暖了起来……"每每捧读，周红都会泣不成声，同时也会增添一份好好生活下去的勇气和力量。

另一封是鲍卫忠的小儿子写给爸爸的信，写于2023年清明节期间。信中说道："在我的记忆里，您对生活总是充满希望和热情，用自己的一言一行影响并教育着我们……我想在以后的日子里，成为像您那样的人。"鲍卫忠追悼会那天，他的两个孩子哭成了泪人。如今，还在上小学五年级的小儿子，会在妈妈伤心流泪的时候安慰她："妈妈，我们要坚强，您还有我们呢！"

不虚、不私、不妄的真情，最令人动容！

千里边关，彩练当空且为忠魂舞！

说起鲍卫忠，浮现在人们眼前的形象大概是黝黑的肤色、质朴的面容、和善的笑脸、率真的性格……而他留在人们心底的形象，是一个好党员、好干部、好法官、好男儿……总而言之，就是一个"大写的人"！

斯人已逝，精神长存！

人们一边敬仰着、怀念着，一边学习着、行动着，千千万万像鲍卫忠那样"大写的人"涌现出来，民族复兴大业必将早日实现，这是对鲍卫忠最好的纪念和告慰。

第一章 对党忠诚 信念坚定

理想信念坚定和对党忠诚是紧密联系的。理想信念坚定才能对党忠诚，对党忠诚是对理想信念坚定的最好诠释。检验党员干部是不是对党忠诚，在革命年代就要看能不能为党和人民事业冲锋陷阵、舍生忘死，在和平时期也有明确的检验标准。比如，能不能坚持党的领导，坚决维护党中央权威和集中统一领导，自觉在思想上政治上行动上同党中央保持高度一致；能不能坚决贯彻执行党的理论和路线方针政策，不折不扣把党中央决策部署落到实处；能不能严守党的政治纪律和政治规矩，做政治上的明白人、老实人；能不能坚持党和人民事业高于一切，自觉执行组织决定，服从组织安排，等等，都是对党忠诚的直接检验。

——2021年9月1日，习近平总书记在2021年秋季学期中央党校（国家行政学院）中青年干部培训班开班式上的讲话

述评 | 边境一线践初心

"司法救助快送过去。"尽管身体已感不适,鲍卫忠在下乡途中,还是叮嘱同事抓紧时间做好工作。半个小时之后,鲍卫忠刚回到办公室,就倒在了工作岗位上。时刻把党的事业和人民利益放在心中最高位置,直至生命最后一刻。鲍卫忠用实际行动展现了阿佤人民心向党、心向国家的真挚感情,诠释了一名共产党员忠诚无私的优秀品格。

他感恩党的培养。沧源佤族自治县地处祖国西南边陲,是从原始社会直接进入社会主义社会的少数民族"直过区"。鲍卫忠的父亲鲍光明从小就是孤儿,是党的教育和培养,让他有机会学知识、找工作,并成长为沧源县人民法院的一名优秀法官。工作数十年,鲍光明一直把对党的感恩化作动力,把全心全意为人民服务的宗旨牢记于心。父亲的工作态度和工作作风,让鲍卫忠心中从小就种下爱党爱国的种子。求学和工作期间,鲍卫忠时常提醒自己:是党和人民将我这个佤族孩子培养成才。为了感谢这份恩情,他兢兢业业做好每一项工作,认认真真办好每一个案件。

他牢记党的宗旨。"每次参加党务学习,鲍卫忠都特别认真,发言也十分积极",这是领导眼中的鲍卫忠;"有什么不会写的党建材料,都是请鲍局长帮忙",这是支部同志们的共识;"他有一大摞学习笔记,里面密密麻麻地写满了他的学习体会",这是妻子周红在整理鲍卫忠遗物时的发现……多年来,鲍卫忠时刻不忘把习近平总书记考察云南重要讲话精神与实际工作紧密结合,并贯彻落实到每一次执法办案中;鲍卫忠始终牢记习近平总书记给边境村老支书们的回信,为促进沧源边疆和谐稳定、民族团结进步提供强有力的司法保障。

他忠于党的事业。鲍卫忠心里时刻装着群众,他曾在笔记本上抄录过这样一句话:"为党工作是我一生的追求,为人民服务是我努力的方向。"在基层农经站工作期间,他想尽一切办法帮助农民发展生产;在脱贫攻坚期间,他主动报名驻村,为乡村发展和群众致富出谋划策;在执法办案中,他始终怀着深厚的爱民情怀,把各民族群众当亲人,晓之以理、动之以情,解开了群众心中的一个个疙瘩,把公平正义送到大家身边。拳拳之心,殷殷之情,一天如此,月月年年如是,这就是鲍卫忠平凡之中凸显的伟大品格。

2006年,鲍卫忠递交入党申请书,在他的申请书里,有这样一段话:"申请入党,不是为了个人的利益和名誉,而是为了使自己成为一个有高尚品德和崇高理想的人,一个对人民有利的人,像孔繁森、雷锋、焦裕禄等先进人物一样,为党和人民的事业鞠躬尽瘁!"鲍卫忠做到了,他的一生无愧于党,无愧于人民,更无愧于他一直深爱和敬重的父亲。

第一章 对党忠诚 信念坚定

"我没力气了,先歇一下"

2021年10月21日16时左右,听到鲍卫忠办公室的开门声,执行局内勤金欣欣赶忙整理出需要他签字审批的材料。鲍卫忠在回到办公室前半个小时,已经提前在微信工作群里叮嘱金欣欣做好这项工作。

"局长,这是发放司法救助款的材料,请您审批签字。"金欣欣敲了敲门,走进了鲍卫忠的办公室。

听到金欣欣的声音,靠在椅子上的鲍卫忠微微抬起头,轻轻地摆了摆右手:"我没力气了,先歇一下。"

预感到情况不妙,金欣欣赶忙凑到鲍卫忠跟前询问情况。鲍卫忠说话的声音很小:"应该是低钾症犯了,给我倒杯水,我先喝点水歇一歇。"鲍卫忠以前也曾因为低钾症出现过四肢乏力等一系列症状,但金欣欣明显感觉这次症状跟之前不太一样。

"具体是哪里没有力气?"金欣欣接着问道。

"半边身子麻。"听到鲍卫忠的回答,直觉告诉金欣欣,这次鲍局长的症状远不是低钾症那么简单。会不会是脑梗?想到这,她一边拨打120求助,一边呼唤其他同事赶紧过来帮忙。

同事们一边等待救援,一边帮助鲍卫忠按摩。眼看他的状态越来越不好,金欣欣忽然想起,要抓紧时间给鲍卫忠的妻子周红打个电话。

金欣欣轻轻抬起鲍卫忠的右手给手机解了锁,询问其妻子周红的电话号码,此时鲍卫忠只是用很轻的声音说了个"5"。"520",金欣欣一下子猜出了这个亲情号码,这个号码是鲍卫忠对妻子表达"我爱你"的一种方式。

▼ 金欣欣讲述鲍卫忠生前的最后几分钟

电话接通后，金欣欣先说话："嫂子，我跟您说个事，您别着急，鸟哥（'鸟'在佤语里是'二'的发音，鲍卫忠在家中排行第二，同事们经常亲切称呼他为'鸟哥'）在办公室生病了，让他跟您讲一下。"金欣欣将电话凑到鲍卫忠嘴边，他只是说了几个模糊不清的词语，随即只能发出"嗯嗯啊啊"的声音，无论是金欣欣还是周红，都没有办法辨别清楚。

几分钟后，周红赶到鲍卫忠的办公室。不久后，120救护车也来到沧源县人民法院。但这时，鲍卫忠已失去意识……他留给妻子周红的最后几个字，只有通过金欣欣转述的"520"。

践行总书记回信精神

2021年8月19日,习近平总书记给沧源县边境村老支书们的回信,在沧源县干部群众中引起热烈反响。当年8月30日,在学习总书记回信的研讨会上,鲍卫忠发言时说:"习近平总书记给我们边境村的10位老支书的回信,是对我县脱贫攻坚给人民群众带来的深刻变化的充分认可,激励我们奋勇前行。在唱响'新时代幸福之歌'征程上,我们要把习近平新时代中国特色社会主义思想传达到村村寨寨,不断提升为人民服务的本领,充分发挥职能作用,为阿佤山建设提供强有力的司法保障。"

沧源县人民法院办公室主任李红英清楚地记得,自己和鲍局长最后一次下乡,就是为进一步探索多元化解决纠纷的方法和途径,和班洪乡边境村的老支书们座谈交流,推进诉源治理工作。

那是鲍卫忠去世前的一个周六,他们约好下午2时30分在单位集中统一出发。虽然大雨滂沱,鲍卫忠一行还是顺利来到班洪乡。

▲ 边境村老支书讲述老支书调解室的建设过程

能见到班洪乡的老支书们，鲍卫忠很是兴奋。

老支书胡德学还记得鲍卫忠来访时的样子，"就在'老支书宣讲室'门口，一个朴实、精神的佤族汉子，笑眯眯地跟我打招呼"。

气氛融洽起来，鲍卫忠向老支书们介绍了此行的工作计划，老支书们也传授他们的经验，给出了意见建议。"当时我们去只是和老支书们沟通一下想法，看看怎么让事情落地，具体怎么做其实还没想好，不过老支书们很支持。"李红英回忆道。

遗憾的是，鲍卫忠再也没能参与到这件事的推进中。

"习近平总书记给我们边境村老支书们回信中提到的'建设好美丽家园、维护好民族团结、守护好神圣国土'，鲍法官做到了。他就是这样一个掏心窝子为老百姓办事、能把石头都捂热的人。"说起鲍卫忠,老支书们忍不住唏嘘。

鲍卫忠深知,对边疆民族地区而言,法官的工作不仅是办理案子,也是通过一个个维护公平正义的判决,促进边疆和谐稳定、民族团结进步。尤其是案件的执行,不仅是在维护法律的尊严,还是维护稳定的利器。

2022年国庆节后,班洪乡挂起了"老支书调解室"的牌子。正如鲍卫忠希望的那样,这种方式,能在不违背法律规定和公序良俗的前提下,用少数民族群众听得懂的语言,能理解、易接受的方式,既解"事结"又化"心结"。

老支书胡德学告诉记者,鲍卫忠的先进事迹,深刻体现着一名共产党员为民服务的初心和使命,值得阿佤人民宣传他、纪念他。

第一章 对党忠诚 信念坚定

声声念故人

2018年，小语种专业毕业的陈美红进入沧源县人民法院工作，第一次履行书记员职责，就让她慌了手脚。那是两家公司的建筑工程合同纠纷，负责独立记录案件的陈美红，遇到了首个职业难题——听不懂当事人说的话，一方说的是广西方言，另一方说的又是沧源方言。双方嘴皮子利索、语速飞快，陈美红努力分辨所说内容，仍毫无头绪。

鲍卫忠在忙着安抚激烈争吵的双方，也关注着陈美红的状态，发现她听不懂后，便开始给她翻译，一字一句把当事人的意思重述给她，休庭后，还分享自己的经验："其实执行案件记录不难，总结归纳意思就好，实在跟不上的地方，就大胆再问一次当事人。"

执行局的事多如牛毛，可面对这个新来的书记员，鲍卫忠并没有表现出不耐烦，总是事无巨细地把自己的经验总结成通俗易懂的话语，分享给她以及其他新同事。

随着关系越来越熟络,陈美红愈发感觉到,这个外表黑壮的佤族汉子,内心其实如云朵一般柔软。偶尔听鲍局长谈起从前,原来他也吃过很多苦,跌跌撞撞走了很多弯路,但每次看到他,陈美红觉得他像一只翱翔的飞鸟,无比自由和快乐,正如他的昵称"鸟哥"一样。于是,陈美红开始和其他人一样,用"鸟哥"称呼起鲍局长。

鲍卫忠简明扼要的指导果然管用,陈美红进步很快,其中让她获益最多的是鲍卫忠的做事方式。佤族是"直过民族",有的群众法律意识淡薄、缺少证据意识,常常将道德与法律混为一谈,纠纷复杂难处理。但鲍卫忠从不急躁、不强硬,本着与人为善、坚持底线不妥协的原则处理。

到村寨办案,鲍卫忠一般不穿制服,警车不开进村。他怕制服和警车给被执行人带来不良影响。见面一句"兄弟,吃饭没?"加上

▼ 沧源县人民法院干警陈美红追忆鲍卫忠生前事迹

脸上两个酒窝和几分笑意,鲍卫忠就拉近了与群众的距离。再往下的谈话,更是处处讲人情、讲道理。

陈美红也见过"鸟哥"被人不分青红皂白地恶毒辱骂,常为他打抱不平,次数多了还会"怒其不争"地问:"您为什么不生气?"这时鲍卫忠则会反过来安慰她,仿佛她才是受委屈的那个。正因为这种性格,鲍卫忠的朋友遍布佤乡。每个案件就像是在他心里存了档,哪个当事人住在哪里、家里情况如何,他记得清清楚楚。即使已结案,他也会时不时喊上陈美红一起去当事人家中坐坐,看看当事人情绪如何、是否还需要帮助。这些付出,远远超过卷宗上记录的寥寥几笔。

在执行局的日子像上了发条,转眼 4 年时光飞逝,陈美红习惯了每天接到鲍局长的 20 多个电话,习惯了奔波在崎岖山路,习惯了面对难题挑灯夜战。她知道自己还会经历无数风吹雨打、艰难坎坷,但跟在如兄长、导师的鲍局长身旁,她觉得什么也不用害怕。

直到今天,陈美红仍清楚记得,2021 年 10 月 21 日 16 时 17 分,她的手机响起,电话那头是鲍卫忠询问两笔执行案款是否到账。挂了电话,陈美红迅速查到了到账情况,通知当事人来填领条后,还剩下鲍局长签字这个程序。两间办公室相隔不远,有时站在楼道里喊一嗓子,就能听到对方回答。陈美红心想,不急,等忙完手上的事,过几分钟再去找"鸟哥"。但几分钟后,她听到走廊上传来嘈杂的声音,同事惊慌失措地冲进来告诉她,"鸟哥"昏倒了……

之后的记忆混乱又清晰,陈美红记得办公大楼前闪烁的救护车灯,记得同事们慌乱的呼喊声,记得追悼会上白得刺眼的挽联……但她时不时又会忘记,遇到难题时,她会下意识地拿起手机拨打那个熟悉的号码;坐上"103"号警车,那个名字会忍不住脱口而出……

现实一遍遍提醒她,每天早上的第一个电话不再是鲍局长,遇到棘手事也不会再有人笑着说"不怕,有我"。很多问题,她还没来得及问,很多方法也还没完全学会。

如今,陈美红和同事们依然奔波在下乡办案的路上。天空时雨时风,道路泥泞曲折,蜿蜒着通向佤山深处。前方固然有阻碍,也会经历风雨,但陈美红已然明白,只要像鲍局长那样坚定地走下去,一定会走进人民群众的心里,一定会让公平正义充分彰显!

第一章 对党忠诚 信念坚定

"成为像父亲那样的人"

鲍卫忠的父亲鲍光明曾经是沧源县人民法院的一名法官。多年来，他严格执法、秉公办案、工作严谨，深得群众爱戴。"鲍卫忠继承了父亲的优良作风，为人做事低调、谦逊，工作中注重方式方法，从不推诿扯皮。"曾经与鲍卫忠父亲共事的沧源县人民法院原院长郭兰娟回忆说。

鲍光明是孤儿，在党的教育培养下，一步一步成长为优秀的人民教师、民族干部。1964 年，鲍光明被选入民族观礼团，到北京参加国庆观礼，并随团受到毛主席、周总理等国家领导人的亲切接见，后来他专门撰文《幸福的回忆》，记录了这一难忘经历。从北京回来后，鲍光明把中央领导送的《为人民服务》放在床头，经常拿出来翻看，直到去世。

鲍光明把对党的感恩化作动力，把全心全意为人民服务的宗旨牢记在心。"婆婆经常和我们说，公公每次下乡，总会回家带上几把

▲ 初入法院时的鲍卫忠

面条或几枚鸡蛋，送给村里的老百姓。"鲍卫忠的妻子周红说，"公公也经常带着来办事的群众到家里吃饭。他总说人家大老远来一趟不容易，能省就省。"从小听着这些故事、目睹这些场景的鲍卫忠常对妻子周红说，他小时候的梦想就是"成为像父亲那样的人"。

1997年，在沧源县单甲乡工作3年的鲍卫忠在工作之余努力备考，顺利通过选调考试，进入沧源县人民法院工作，圆了他当人民法官的梦想。入职时，鲍卫忠在工作笔记中写道："我出身于边疆少数民族家庭，是党和人民将我这个佤族孩子培养成才，让我安身立命。这份恩情，我将用一生干好本职工作来报答，始终做到无愧于党、无愧于人民。"

到法院工作后，鲍卫忠不断加强法律及相关专业知识的学习。

"每次参加法院组织的专业知识培训,他专心听讲、认真做笔记,从不做与培训无关的事。"曾多次给法院同志授课的郭兰娟对当年鲍卫忠的学习态度记忆犹新。通过刻苦学习,鲍卫忠相继取得大专、本科文凭。2012年5月,鲍卫忠顺利通过国家司法考试。2015年,鲍卫忠担任执行局局长。

父亲去世后,鲍卫忠把他的照片放进皮包夹层里,一直带在身上。他常说:"每次看到照片,就会想起父亲说的那句话'是党和人民给了你这份工作'。"

这些年,鲍卫忠起早贪黑忙于工作,长年累月下乡、出差,踏遍佤山的村村寨寨,办案里程达上万公里,他把办理的每一起案件都视为促进民族团结和边疆和谐稳定的大事。从他担任执行局局长到离世,执行局共办理854件执行案件,没有发生过一起"人情案""关系案""金钱案"。

"成为像父亲那样的人",鲍卫忠做到了。

"扶上马,送一程"

新中国成立后,"妇女能顶半边天"逐渐成为社会共识。然而,在很长一段时间内,沧源县糯良乡坝尾村却依然保留着"女人不当官"的传统。村干部虽然不是什么"官",但坝尾村6个村民小组的确从未有过妇女担任村干部。随着鲍卫忠的到来,这一历史终于被改写。

2004年,恰逢沧源县筹备村党组织和村民委员会换届选举。作为沧源县人民法院下派糯良乡挂职副乡长兼坝尾村委会副主任,鲍卫忠成了坝尾村"两委"换届指导组成员。

"通过走访,鲍卫忠了解到,此前坝尾村6个村民小组从未有妇女担任过村干部,群众普遍认为妇女没有能力处理好繁杂的村务工作。"时任糯良乡政府办公室秘书李跃燃回忆说。

鲍卫忠来自法院,他坚信男女平等,更相信妇女也能在村务工作上有所作为。为改变村委会没有女干部的现状,鲍卫忠大胆向乡

▲ 李学英（右三）组织佤族妇女学习党的创新理论

党委班子提出意见，请求乡党委结合实际，在这次村委会换届中选举一名妇女村干部。

鲍卫忠的建议很快受到重视，乡党委专门派工作人员协助鲍卫忠到村组进行考察。经过组织考察，终于确定了几名后备人选。这几人在当地都是公认的"能人"，尤其是李学英，1984年高中毕业，有文化、有担当，在村里说话有分量，邻里中有口碑，而且粗活细活都能做，不输男人。

经过民主选举，李学英成功当选坝尾村委会副主任，成为坝尾村乃至全乡第一位村委会妇女干部。

"扶上马"只是第一步，关键还得"送一程"。刚走马上任的第一天，李学英就遇到"难题"：一名村民要去砖厂拉砖建房，到村委会找李学英开具相关证明。

"这证明要怎么开呀？之前从来没有接触过。"李学英直犯嘀咕。一旁的鲍卫忠似乎看出了她的尴尬，赶紧过来帮忙。随后，鲍卫忠还趁热打铁，向李学英传授工作方法。"后来，连派出所工作人员都夸我说，'你开具的证明我们一眼就能看明白'。"李学英欣慰地说。

在鲍卫忠驻村的两年时间里，李学英跟着他一起做"三村"建设中的"钉子户"工作，一起到县里相关部门争取项目支持，一起研究全村产业发展问题……渐渐地，李学英也从当年的普通农村妇女成长为优秀的村干部。

第一章 对党忠诚 信念坚定

"这个年轻人怎么没有来"

沧源县人民法院诉讼服务大厅里挂着一张照片，记录的是 14 年前的一次入村法治宣传现场。照片里，30 岁出头的鲍卫忠坐在一间茅草屋前，一头卷发又黑又密，双眼含笑，正认真地倾听记录。彝族群众围在他和同事身边，氛围极为融洽。

因为照片已挂了有些时日，大家习以为常，直到鲍卫忠离世，在找寻整理他生前的影像资料时，这张照片才引起沧源县人民法院党组书记、院长吕丹的注意——照片上的鲍卫忠当时很年轻，进入法院工作没多久，踌躇满志，意气风发。吕丹产生了去了解照片里那个时空的强烈愿望：他们在讨论什么样的话题，引得鲍卫忠与一群彝族兄弟如此其乐融融？

2022 年 8 月，打听到照片拍摄地为沧源县勐角小坝卡彝族老寨，吕丹便让沧源县人民法院办公室主任李红英带着几位同事前往探寻。

小坝卡是个自然村，隶属勐角傣族彝族拉祜族乡控角村委会，是一个以茶叶、烤烟、甘蔗为主要收入来源的彝族村寨。从沧源县城出发30分钟后，导航指示已到达目的地，但按图索骥的几人却不敢确定。眼前已没有照片里的茅草房，只有一栋栋楼房；没有尘土漫天的黄泥路，只有坚实平整的地面。

好在住在小洋楼里的村民小组长听说他们来找人，热心地对着照片帮忙辨认，14年时间物是人非，照片里的人各奔东西，这位外出务工、那位已经去世……最终锁定一位如今还在村里的大哥，几人便辗转来到大哥家里。

"这是好多年前的事了，那天好像是这个人来我们这里。"彝族大哥指尖停在照片里的鲍卫忠身上。他印象中这个年轻人有一对

▼ 鲍卫忠（左一）在勐角小坝卡彝族老寨开展工作

酒窝，笑起来一脸灿烂，与通常印象中严肃的法官不太一样。看到事情有了眉目，李红英追着问："你还记得当时他们来做什么吗？""我记得这个年轻人和其他法官到村里给我们讲法律，讲党的政策，话都说到我们心窝子里。这个年轻人怎么不跟你们一起来啊？"

几人互相对视，李红英才慢慢说："大哥，他已经去世了……"

彝族大哥顿时怔住了，口里念叨着："怎么这样？这么好的一个人。他每次来，给我们讲党的方针政策、讲法律，还帮我们做农活，教我们科学种田，哪家有困难时常上门看望。这么好的法官，怎么就去世了呢……"

大哥盯着照片里的鲍卫忠看了许久，仿佛在确认着什么。"小妹，你们今天来是……"

"这个年轻人是我们法院执行局局长，2021年10月因公牺牲了。这里是他牵挂的地方。如今我们来代他看看你们的生活怎么样，还有什么是我们能代他完成的。"

循着记忆，大家来到当年拍照的地方再次围坐在一起，鲍卫忠的位置空着，背景的茅草房已变成楼房，当年照片里的人也只找到两位。阳光如14年前一般灿烂温暖，携着记忆与过去的时空共振，提醒着接过维护公平正义接力棒的后继者们，即使时过境迁、斗转星移，唯有初心不可改变。

人民法官 鲍卫忠

抢救室外的来电

2021年10月21日，鲍卫忠因突发脑溢血被送进抢救室。

抢救室外，匆匆赶来的妻子周红哭红了双眼，焦急地询问丈夫的情况。"他突然就晕倒了，脸色苍白，我们发现时已经叫不醒……"同事详细描述着当时的情况。

突如其来的噩耗，让周红腿脚有些发软，瘫坐在椅子上。"或许是他太累了吧。"周红自我安慰着，但心里却有一丝不祥的预感。

恍惚中，抢救室里传来一阵鼾声，周红顿时慌了，心中的预感坐实了："我猜到了，他是脑溢血，当年他父亲突发脑溢血时也是这样。"鼾声越来越大，周红的抽泣变成了痛哭，她心里知道，丈夫此次必定凶多吉少。

"丁零零……"一阵电话铃声把周红从悲伤中拉回现实，这是鲍卫忠的手机在响。周红拿起手机一看，是一个陌生来电。接通电话，周红还来不及开口，对方就劈头盖脸地质问："鲍局长，我的钱怎么

▲ 周红追忆鲍卫忠生前事迹

还没帮我要到？你们法院到底干什么吃的……"周红听出来了，对方是申请执行人。

听到对方毫不客气的语气，周红刚想发火，但想到鲍卫忠平时面对当事人的温和态度，便强压心中的怒火，平静地说："我是鲍卫忠的妻子，他突然生病了，现正在抢救。请你过两天再打来，或者问问别的同事吧。"听到这话，对方明显一愣，语气瞬间缓和，担心地询问鲍局长的情况，还不断安慰周红。

周红挂断电话，心情刚刚平复。"丁零零……"电话又响起，又是一个陌生号码，也是申请执行人："鲍局长，我的钱什么时候能帮我要到？"周红又把刚才的答复重复了一遍。

…………

如此反复。抢救过程中，鲍卫忠的电话响了四五次。周红终于明白，平日丈夫的电话为什么响个不停。

"以前他在家时，这样的催款电话会接到无数个，吃饭时、洗澡时、睡觉时，无时无刻，只要电话一响，他立刻进入工作状态。"周红回忆道，"面对态度不好的当事人，他从不生气，而是耐心地解释。我还笑他，是不是在外面欠人钱了。"

"美红，鲍卫忠上班的时候也是接这么多电话吗？"周红问鲍卫忠的书记员陈美红。"是的，比这还多得多。"陈美红说。

周红翻开鲍卫忠的通话记录数了数，最多的一天，他接打了90多个电话，最少的一天也有50多个。

鲍局长的笔记本

2021年10月21日,鲍卫忠在工作期间突发脑溢血,两天后,抢救无效去世。鲍卫忠去世后,他的同事收拾整理他的物品,尽量还原他在世时的场景。执法记录仪、满柜子的便利贴、执法手册……其中,一摞工作学习笔记本吸引了大家的注意。

鲍局长的笔记本里会写些什么?大家怀着好奇心翻阅了笔记本。

笔记本里装着他的人民情怀:"生活过得好不好,人民群众最有发言权。"

笔记本里装着他的办案秘诀:"万事和为贵,有理让三分。"

笔记本里装着他对法官的理解:"全世界都可以闭眼睛,但法官必须睁着眼睛。"

笔记本里装着他的工作态度:"用感恩的心感谢工作岗位,用危机的心态认真开展工作。"

鲍卫忠在笔记本上写下的句句箴言,并不是心血来潮。这些话语与他 2006 年时递交的入党申请书遥相呼应:"申请加入中国共产党,目的不是为了利益和名誉,而是为了在党的领导和培养下,不断提高自己、要求自己,使自己能更好地为改革开放和经济建设服务,使自己的世界观、人生观和价值观在社会实践中得以正确改造,最终使自己成为一个有高尚品德和崇高理想的人,一个有利于人民的人,像孔繁森、雷锋、焦裕禄等先进人物一样,为党和人民的事业鞠躬尽瘁。"

在鲍卫忠的笔记本里,既装着家国大义,也记录着遗憾。

其中的一页纸上,写着几部电影名:《星际探索》《天地大冲撞》

▼ 鲍卫忠生前使用的笔记本

《阿波罗13号》《飞向太空》……这是鲍卫忠计划带儿子看的电影。

2021年,鲍卫忠的一对双胞胎儿子9岁。有段时间,总听孩子们念叨星球、科幻、外星人一类的词,细心的鲍卫忠留了个心眼,他上网查了几部科幻电影,记下片名,打算抽空带儿子看。但因工作太忙,他没来得及实现计划,就去世了。

第二章

牢记宗旨　一心为民

践行宗旨，就是对人民饱含深情，心中装着人民，工作为了人民，想群众之所想，急群众之所急，解群众之所难，密切联系群众，坚定依靠群众，一心一意为百姓造福，以为民造福的实际行动诠释了共产党人"我将无我、不负人民"的崇高情怀。

——2021年6月29日，习近平总书记在庆祝中国共产党成立100周年"七一勋章"颁授仪式上的讲话

述评 | 把群众利益放在第一位

在鲍卫忠的笔记本里，写着这样的话语："我出生于边疆少数民族家庭，是党和人民将我这个佤族孩子培养成才，让我安身立命。这份恩情，我将用一生干好本职工作来报答，始终做到无愧于党、无愧于人民。"铮铮誓言，彰显着鲍卫忠始终把党和人民群众的利益放在第一位、兢兢业业为党和人民工作的公仆情怀。

沧源县地处祖国西南边陲，是全国最大的佤族聚居县，也是一个从原始社会一步跨越到社会主义社会的少数民族"直过区"。鲍卫忠就是在这片土地上成长起来的优秀法官。作为生于斯长于斯的佤族人，他对各族群众的所思、所盼、所需最清楚不过。

他深知民之所需。由于历史原因，沧源县经济发展水平不高，执行案款数额多数不大，但鲍卫忠明白就是这几百元、几千元，直接关系着少数民族群众的生计。为此，执行案款一到账他就催促财务尽快拨付。"鸟哥，才那么一点钱，至于催得那么紧吗？"面对财务人员的不解，鲍卫忠解释说："你不了解群众，这点钱对我们来说可能是小钱，但对他们来说是柴米油盐的钱，还有可能是救命钱。"在执行案件中，鲍卫忠常换位思考，设身处地为群众着想。有时为解开当事人的心结，他开车往返山间多次到被执行人家里做工作；面对态度强硬、拒不履行法院判决的被执行人，他不急不躁，耐心沟通。"这是法律规定。""不履行判决以后会影响孩子。""没有一万元，那咱们就五百元、一千元地还。""就为这么点钱被带走，不值得。"……这些朴实的话语，既维护了法律尊严，也感化了当事人。

他纾解民之所困。在鲍卫忠心里，"群众的事，再小也是大事"。多年来，他一门心思为群众着想，坚持把群众的事当成自己的事来办。在沧源县糯良乡坝尾村驻村期间，看到乡亲们住在摇摇欲坠的杈杈房、茅草房、油毛毡房，他鼻子阵阵发酸，并暗暗发誓：尽快完成坝尾村"三村"建设工作，让乡亲们早日住上美丽、安全、舒适的楼房；针对坝尾村脏乱差现象，他积极想办法、找对策，通过修建沼气池等方式，有力推动人居环境改善和提升；他还积极争取200多吨水泥，动员村民投工投劳，修通5公里的硬板路，彻底解决了村民"出行难""运输难"问题……鲍卫忠用实实在在的行动，赢得群众的拥护与赞誉，坝尾村老支书李明军说："他就是这样一个掏心窝子为群众办事、能把石头都捂热的人。"

他化解民之所忧。"结案不是最终目的，想尽一切办法解决当事人的愁事和难事才是根本。"鲍卫忠总是这样说。面对看病急需用钱的执行申请人，他索性自掏腰包，悄悄帮被执行人垫款；面对被执行人没有可供执行的财产，但申请执行人又急需钱治病，鲍卫忠积极帮他们申请执行救助；为让被执行人尽快筹到执行款，他主动在朋友圈帮忙推销活鸡、鸡蛋等……一件件实事，化作一份份温暖人心的清单，当地群众称他为"佤山群众的贴心人、心连心的好兄弟"。鲍卫忠深怀为民分忧之心、常思为民服务之举、恪守为民尽责之道，常年奔走在执行路上，用自己的亲和、爱心和辛劳化干戈为玉帛，用真情赢得群众的信任。

"民之所忧，我必念之；民之所盼，我必行之。"在扎根边疆基层工作的24年里，鲍卫忠踏遍佤山大地，办案行程达上万公里，用实际行动诠释了共产党人的为民情怀。

第二章 牢记宗旨 一心为民

"谁都别跟我争"

一条柏油公路，从沧源县城延伸至单甲乡，如白绫般缠绕在群山间。每次走这条路，单甲乡上了年纪的人总会想起20多年前发生在悬崖边上的一次争执。

"太危险了，小鲍你别去，让我们去吧。"单甲乡的群众拉住鲍卫忠，却被鲍卫忠一把甩开："不行，我是组长，要是我不了解情况，怎么带着大家把路修好？"

久久争执不下，鲍卫忠急了，声音猛然提高："谁都别跟我争！"这一句响亮的话语，在单甲乡群众心里回响了20多年。

1997年，21岁的鲍卫忠在单甲乡农经站工作。当年7月，雨季来临，连续下了一星期的暴雨，导致山石滚落，冲断了进入单甲乡的主干道。为抢修道路，单甲乡政府设立抢险救灾临时指挥部，将村镇所有干部划入排查险情组、实地抢险组、后勤保障组等小组，带领群众一起抢险救灾。

▲ 鲍卫忠（右一）在单甲乡工作时的场景

鲍卫忠被分在实地抢险组，并担任该组组长，负责带领上百名群众前往一线抢修塌方路面。接到指令后，鲍卫忠带着群众扛着铁锹、锄头奔赴现场。到了现场，眼前的场景让大家眉头紧锁：被冲断的路段位于陡峭的山腰间，一边是万丈悬崖，一边是危峰兀立，山上不时有落石滚下，带着被砸断的树枝跌入深不见底的崖间，发出沉闷的声响。

塌方道路是沙土路，经过暴雨浸泡后变得有些松软。为安全起见，到塌方路段还有一段距离时，鲍卫忠让大家停下，站在远处观察。能见范围内的塌方路面有 20 多米，但具体受损情况如何？塌方路段周边路面有没有断裂危险？人走上去会不会踩塌？山崖转角后的路面有没有塌方？这些情况站在远处看不真切，不了解情况就无法制定抢修方案。

"只有过去实地看一看了。"鲍卫忠一边说，一边卷起衣袖和裤腿，抄起一把锄头就准备上前。身边的群众一把拉住他："上不得，踩塌了掉下去就死定了。"还有几名村民抢着去："我们经常爬山，比你熟悉路。"

争执中，鲍卫忠大喝一声："谁都别跟我争！"看到一向温和的鲍卫忠急眼了，大家静下来，默默看着鲍卫忠一步步试探性地向塌方路段挪去。他先用锄头试探性敲敲路面，确认安全后，再向前跨一步。如此重复，一步步排查每一寸路面。人们紧盯着他的脚步，心提到嗓子眼。眼看着他黑色的身影越来越小，像一只蚂蚁攀附在山间，转过山崖不见了。

经历漫长的等待后，鲍卫忠终于扛着锄头进入人们的视野，人群中发出一阵欢呼。走近一看，他的鞋子被泥巴糊得看不出形状和颜色，腿上被石头、树枝刮出一道道血痕，脸上却带着兴奋的微笑："确认了，前面的路基本没有问题。"

很快，鲍卫忠就带着大家制定出抢修方案，仅用3天时间就完成了任务。抢修期间，鲍卫忠带着几名村镇干部在塌方路面附近的安全区域搭起草棚子，白天作为临时指挥所，夜里当宿舍，几个人凑在一起互相打蚊子。吃饭也在棚子里解决，垒个土灶，找来柴火，烧点洋芋就着包菜吃。

"小鲍，你的迷彩服都成泥彩服了，回家去洗个澡换一身衣服再来吧。"后勤保障组的鲍永民看不下去了。"没事，再坚持两天就回去了。"鲍卫忠满不在乎。

而这一坚持,就是一个星期。塌方路段修好后,鲍卫忠担心路面不结实给群众带来二次伤害,于是又在草棚子里守了一个星期,直到确认安全后,他才满意离开。

第二章 牢记宗旨 一心为民

谷·雨

金秋十月，闻着稻香，鲍永民又开始想念单甲乡晾晒场上的那场雨，以及当年雨中的鲍卫忠。

沧源县单甲乡，是鲍卫忠工作的第一站。1994年至1997年，高中毕业后的鲍卫忠在单甲乡农经站工作，担任统计员。

"那时候，每年秋收过后，鲍卫忠和同事要走村串寨、挨家挨户去统计村民的收成情况。"当时负责农业科技推广工作的同事鲍永民说，鲍卫忠下乡开展统计工作时，他经常和鲍卫忠一起下乡进行农技推广。

每年十月，稻谷丰收，村里的晾晒场上一片金黄，饱含阳光味道的谷粒向统计员们释放出"工作信号"。这时，有经验的鲍卫忠就开始收拾行囊，背上统计用的材料，带着干粮，踏上下乡路。"永民哥，走，下乡去。"路过鲍永民宿舍窗前，鲍卫忠招呼着。"走！"鲍永民应声出门。

单甲乡有6个行政村,最远的村寨离乡政府有20多公里。"几十里山路全靠脚走,经常要在大太阳底下走上大半天。开展一次统计工作,鞋子都要磨烂几双。"鲍永民说。路途虽远,但大家一路说说笑笑,边走边唱,也不觉得辛苦。时至今日,鲍永民依然记得下乡路上鲍卫忠的歌声。

一大早出发,到下午3时才望见村口。还未进村,一阵阵稻香扑面而来。鲍卫忠很高兴:"看来今年收成不错。"果然,村里的晾晒场上一片金黄,地面不够晒,村民用木板又搭起一个晾晒场。

到了村里,鲍卫忠一头扎进农户家里拉家常、察民情,除了统计粮食收成外,农户家里有几口人、个人健康状况、家庭经济状况

▼ 鲍卫忠(右四)在单甲乡工作时的场景

等情况都要详细了解。"我经常打趣他：你是来统计粮食还是来查户口的？"鲍永民说。鲍永民没想到，鲍卫忠"查户口"是有用处的。

一次，工作开展到一半，万里晴空突然狂风大作、乌云密布。正在交谈的村民和鲍卫忠同时惊呼："糟了。"起身就往晾晒场上跑。赶到晾晒场，雨点开始密集。看着满地的稻谷，村民一下子瘫倒在地："这么多，我怎么收得完？"

鲍卫忠一边扶着村民，一边向同事喊道："永民哥留下帮我，别的人快去帮其他几家。"鲍永民刚想问什么，被鲍卫忠打断。来不及多说，大家扛起工具开始行动。

晾晒场成了赛场，上演一场人与雨的激烈赛跑。

雨点越来越密集，大家把稻谷拢成堆后，来不及装袋，就找来塑料篷布盖上，并用砖头石块压住。刚盖住最后一堆稻谷，大雨倾盆而下。

看着成功抢收的谷堆，村民十分激动，不断向鲍卫忠等人道谢："谢谢你们，救了我们的命啊！一年到头我们就指望着这谷子生活。"

坐在火塘边烘衣服时，鲍永民忍不住问出心里的疑惑："为什么不把他家人叫来一起抢收？为什么要帮那几户村民收？"鲍卫忠说："他们都是孤寡老人。"

"家贼"难防

"怎么少了1万多元呢？"周红反复核对账目，始终找不到这笔钱的去向。

钱去哪里了呢？周红百思不得其解。

2017年，鲍卫忠家的老房子即将被拆，一家人没了住处，盘算着买新房。但首付款不够，好不容易七拼八凑凑齐了30万元。等待交款的日子里，周红对这笔钱严加看管。

还有几天就要交款了，为防万一，周红又把钱拿出来清点。然而，这一清点才发现，少了1万多元。这可把周红急坏了，钱不够，耽误买房怎么办？一家人住哪里？

周红着急上火，一旁的鲍卫忠却一言不发。发现丈夫的反常举动，周红开始怀疑出了"家贼"。她拿过丈夫的手机查看，果然不久前，丈夫有一笔1万多元的转账支出。眼看瞒不住了，鲍卫忠只好向周红主动坦白：这笔钱他拿去帮被执行人垫付执行款了。

▲ 鲍卫忠（中）耐心细致地开展工作

"要是被执行人不还钱怎么办？"周红问。

"会还的，肯定会还的。"鲍卫忠一再保证，却显得苍白无力。

事已至此，周红不再追问，夫妻俩只能另想办法补上这1万多元。

"平时我俩的钱都是各自保管，要不是这次一起凑钱买房，我还不知道他会给被执行人垫款。"周红说。直到现在，周红也不知道鲍卫忠到底私自帮被执行人垫了多少钱。鲍卫忠去世后，周红接到过几次被执行人打来的电话，说要还钱给鲍卫忠，周红才知道，原来又有一笔垫款。

鲍卫忠的"保密工作"做得好，不仅妻子周红发现不了"家贼"，就连一直跟着鲍卫忠的书记员陈美红，也是因为一个奇怪的电话才知道鲍卫忠为被执行人垫款的事。

"我那个案子还差8840元的赔偿尾款,本来说好这个月还上,可我确实没有办法,能不能宽限几天?"陈美红接起电话,电话那头的人她很熟悉,对方就是曾把她电话拉黑的被执行人张某,但此时他说的话,陈美红却听不懂——这个案子不是已经结案了吗?

2020年3月,鲍卫忠带着陈美红来到离县法院四五十公里的一个镇上,张某就住在这里。在此之前,陈美红对张某印象不错,他在法院判决下来后当场签字,干脆利落并态度良好。但由于这个案子的赔偿数额不小,张某一时不能全部付清,每次打电话催促,他都诉说自己各种难处。期限不断放宽,从"等下周"变成"等一个月""等两个月",再打过去,电话就打不通了。

来到镇上,经多方打听,鲍卫忠和陈美红才摸到张某家中,却又扑了个空。张某外出务工已半年未归,空荡荡的屋子里只有他的妻子,陈美红很是失望,鲍卫忠却和张某妻子聊了起来。聊天内容没有催款,只有很多家常。比如,张某母亲病重,需一大笔医药费;张某务工那家老板也是农民出身,农民工的工资一般年底才能结账。

陈美红记得,那次回来几个月后,鲍局长便把卷宗给了她,说可以结案了。她没有多想,毕竟鲍局长总能奇迹般搞定这些棘手的难题。如今接到这个电话,她才觉得有些不对劲。

面对陈美红的再三"质问",壮实的佤山汉子鲍卫忠也局促起来。最终,鲍卫忠支支吾吾地说,他调查过张某外出务工年尾才能结账这件事所言非虚,而申请人曾某某年底进货急着用钱。

"一方没有能力履行,一方急需钱进货,所以我就……"鲍卫忠解释道。而当事人双方都不知道这件事，所以才有了张某打电话请求延期，曾某某却打电话来感谢执行局有作为的离奇事。

沧源县曾是"一跃千年"的少数民族"直过区"、国家扶贫开发工作重点县，过去几年人均年收入不足万元，许多案件中的被执行人确实没有还款能力。当初，得知鲍卫忠帮被执行人垫款，从临沧市调任沧源县人民法院担任院长的吕丹很震惊："法官帮被执行人垫款，这是从来没有听说过的事。"但在沧源县工作一段时间后，吕丹理解了。

便利贴上的办案"密码"

鲍卫忠去世快两年,可沧源县人民法院的同事每次路过他那间紧闭的办公室门口,依然会伤感。就是在这里,鲍卫忠战斗到了生命的最后一刻。

除了有工作需要,同事们很少打开这间办公室。鲍卫忠去世后,里面的物件有一部分已经被收走,但他用过的电脑、文件柜、笔记本和办公桌椅等被保留在了这里。

在这些留下的物件里,鲍卫忠的办案"密码"被一点点还原出来。

在办公室的文件柜上,贴着密密麻麻的便利贴,有的写着案件当事人的电话号码,有的记着案款金额,还有一些旁人看不懂的符号标记。

"在工作中,鲍局长有使用便利贴的习惯,方便自己掌握案件进度。"同事金欣欣说,鲍卫忠每次下乡办案回来,都要把重要的事情记录在笔记本上,尤其需要注意的则使用便利贴标注,贴在文件柜上时刻提醒自己。

与鲍卫忠相处久了,很多同事也养成了使用便利贴的习惯。有时候看到局长不在办公室,大家会把需要汇报的事情简单写在便利贴上,贴在鲍卫忠的办公桌上。

日子长了,文件柜上的便利贴变得密密麻麻,日子久远的颜色已经发黄。其中有一张便利贴尤为显眼,那是鲍卫忠在去世前几天才贴上去的,上面写着"班莫村、执行救助",还有一个大大的"急"字。

金欣欣介绍说,这张便利贴的背后,是一起健康权纠纷案。2021年9月,鲍卫忠在执行该案时,发现被执行人刚刑满释放,借

▼ 贴在鲍卫忠办公室书柜上的便利贴

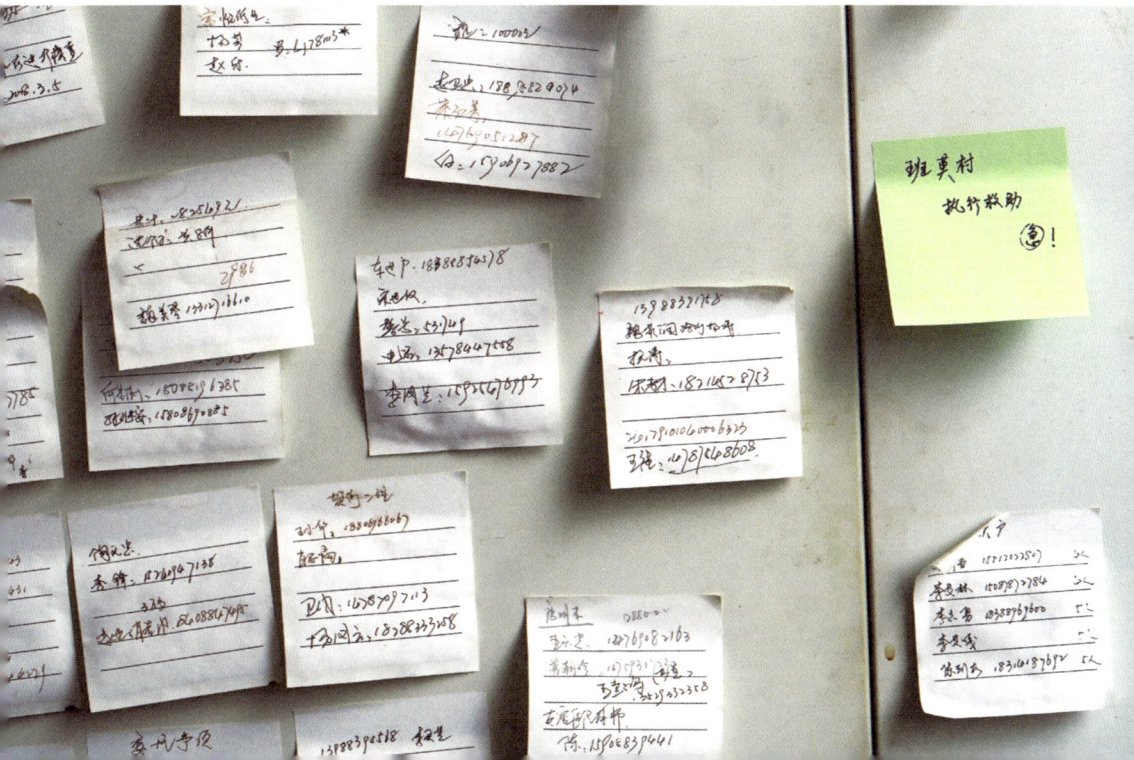

住在亲戚家,没有可供执行的财产,还不上14万元的赔偿款,可申请执行人又因伤残急需钱治病。

了解情况后,为帮助申请执行人尽快解决困难,鲍卫忠决定申请执行救助,并迅速启动。因为平时事情多,担心耽误事情进度,鲍卫忠便用便利贴写上"班莫村、执行救助,急!"贴在文件柜上。发病当天,他仍不忘叮嘱执行干警核实司法救助申请情况。

鲍卫忠去世几天后,5万元执行救助款到账了,这件鲍卫忠一直记挂在心头的事终于得到解决。

金欣欣表示,每一张便利贴的背后,就是一个当事人乃至一个家庭的生活与希望,这是鲍局长的办案"密码",里面浓缩着一位共产党人炽热的为民情怀。

第二章 牢记宗旨 一心为民

最后一条微信

"司法救助快送过去",2021年10月21日15时28分,鲍卫忠在沧源县人民法院执行局工作群里发了这样一条微信,并@执行局内勤金欣欣。这是他最后一次在工作群里发声,安排的最后一项工作。半小时之后,鲍卫忠因突发疾病倒在了办公室。

"也许他当时已经感觉身体不舒服,可还是放心不下工作,怕交代不清楚,又特意在工作群里叮嘱我。"鲍卫忠说这句话的真正原因,金欣欣现在已无法知道,只能靠猜测。然而,每次翻看微信工作群里的聊天记录,鲍卫忠发出的这句话,都会引发金欣欣对往事的回忆,其忘我的工作状态和工作场景,会像放电影一样浮现在她的眼前。

金欣欣说,鲍卫忠挂心的这笔司法救助款,当时已经进行到最后一步,只需要领导审核把关签字,就能在下周一组织发放。这笔款项共涉及9个案件、14名申请人,救助款总额达23.5万元。

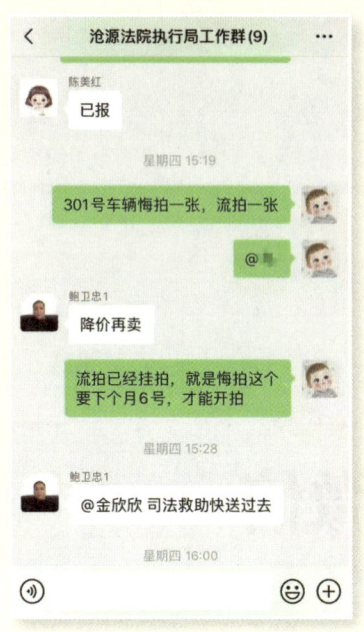

▲ 鲍卫忠生前最后一次在工作群发的信息

"能够符合申请司法救助款条件的人都是弱势群体，对于这9件案子，鲍局长每件都一清二楚。"金欣欣说，在10月21日之前，鲍卫忠就多次指导她如何规范地报送材料、填写表格，以免出现任何疏漏。其中，有一件案子鲍卫忠特别关注，起因是申请人父亲的死亡赔偿金被其他人占用偿还外债，申请人便起诉到法院。执行阶段，由于被执行人年近七旬，且无劳动能力、无生活来源，案款迟迟没有到位。申请人在父亲去世后，衣食无着落，面临辍学。得知情况后，鲍卫忠先后多次到申请人和被执行人家中走访，了解实际情况，在确认情况符合救助标准后，他为申请人申请到了司法救助金，破解了困局。

在鲍卫忠去世后几天，23.5万元的司法救助款按照原计划发放。在外读书的申请人委托他人代领了救助金，读书期间有了一定的生活保障。鲍卫忠挂念许久的案件得到妥善处理，他交给金欣欣的最后一项工作也圆满完成。

"局长，对这个结果，您还满意吗？"金欣欣自言自语地说。

人民法官 鲍卫忠

面对当事人打来的骂人电话

"小金,李某某再也不会打电话来骂你了。"2021年7月13日,鲍卫忠刚刚下乡回来,就将好消息告诉执行局的干警金欣欣。

金欣欣试探着询问:"您今天下乡,他的案款全部兑付了?""是的,已经全部执行到位,他今天挺开心的,没有骂人。"看到鲍卫忠脸上写满了轻松,金欣欣的视线转移到办公桌上的座机,长舒了一口气说:"以后应该不会再接到李某某那些让人害怕的电话了。"

鲍卫忠和金欣欣口中的李某某,是一位年近七旬的老人。2016年3月,李某某与龚某某签订农村建房施工合同,并先行支付2.5万元建房款,后来房屋未能如期完工,李某某便将龚某某诉至沧源县人民法院,请求返还工程款及违约金。但在案件执行阶段,因龚某某无可供执行的财产,沧源县人民法院终结了本次执行程序。

"2017年11月,我们将执行情况告知李某某后,他同意终结本次执行程序,但不愿放弃自己的权利。"金欣欣说,李某某认为自己年纪较大,基础疾病较多,想尽快拿到案款。因此,后来的每个星期老人都会打多个电话到执行局,询问案件进展情况。但老人每次来电,情绪都较为激动,稍有不满,就开始骂人。如果执行局工作人员挂掉电话,老人还会继续打,直到得到满意的答复。"我们办公室的同事,几乎都被他骂哭过。"金欣欣说。

有段时间,执行局工作人员闻铃声色变,因此只要鲍卫忠在办公室,老人的电话都由他来接。

每次接听老人的电话,鲍卫忠都会耐心细致地给他讲政策、讲案件的进展情况,并一遍遍安抚老人的情绪,解答他的疑惑。在金欣欣的记忆中,鲍卫忠从来没有在电话中与老人发生口角。同时,

▼ 鲍卫忠(左三)向少数民族群众开展普法宣传

鲍卫忠也深知执行局同事的无奈，就时常劝导大家，"老人独居在家，打电话时难免心情不好，我们要想办法让他顺心顺气。""一定不要跟老人争吵，以防他急火攻心，发生意外。"

在做好安抚工作的同时，鲍卫忠和执行局的同事每个月还会做被执行人的工作，只要被执行人有钱，哪怕是三五百元，都会叫他交来法院，并及时把案款发放给老人。

"在我印象中，鲍局长前后至少3次到老人家中，将兑付案款交给老人，为他省去了很多麻烦。"金欣欣看着办公桌上的电话，翻阅着以前的来电登记，"这个申请人的电话也许再也不会打来了，鲍局长安排工作的电话也永远不会打来了！"

第二章　牢记宗旨　一心为民

"迈出去的是脚步，
带回来的是民心"

刚到沧源县人民法院任院长时，吕丹对鲍卫忠印象不深，只记得他办公桌上堆着厚厚的卷宗，喊他一声，才能看到卷宗后伸出头来的鲍卫忠。

法院执行工作就是维护胜诉当事人权益，但要打通执行的"最后一公里"，谈何容易。吕丹曾当过5年执行局局长，知道这个岗位的艰辛，她很钦佩在执行局局长岗位任职9年的鲍卫忠。

"基层法院的执行局有时就跟菜市场一样，很多当事人要么冲进来当面骂，要么打电话劈头盖脸一顿骂，半夜三更都会接到骂人电话。但鲍卫忠从不生气，他总是先安静地听对方骂完，然后才细心地告诉对方执行情况。"刚开始，吕丹有些无法适应这样的氛围。在她印象中，法官需要冷静、理性，必要时也得"快刀斩乱麻"。而鲍卫忠却用另一种方式做到了不论大案小案都善始善终，圆满结案。

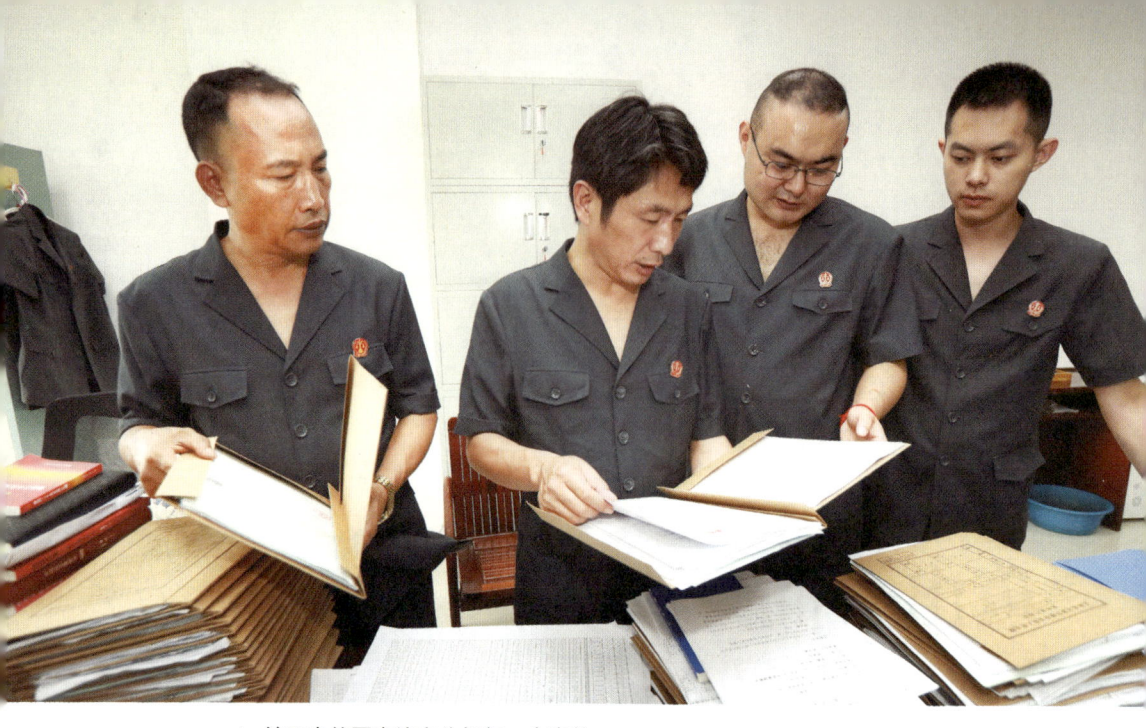

▲ 鲍卫忠的同事认真分析每一个案件

吕丹和鲍卫忠一起出去开展执行工作的机会很少，但印象很深刻。

2021年，一场延宕8年的土地纠纷案交到鲍卫忠手上，争执双方一边是傣族村民、一边是佤族村民。案件执行难度大，鲍卫忠前前后后跑了几次，吃过闭门羹，挨过骂，劝过架，邀请村委会、乡政府、亲戚朋友帮助协调，终于叩开了被执行人的心扉。吕丹记得，那时因为案情有了眉目，鲍卫忠便约她一同前去了结此案。但天公不作美，去的那日大雨滂沱，鲍卫忠钻进地里进行地界认定和沙松清点，雨水把他一头花白的头发淋成了黑一绺白一绺，泥巴糊满双脚，手臂被沙松划出不少伤口。但被执行人始终认为自己吃亏，转眼又翻脸不认核定结果，鲍卫忠不得不再次折返，重新核定。雨水丝毫没有要停的意思，被执行人也没有和解的意愿，看着鲍卫忠一次又一次折返穿林，吕丹看不下去，忍不住斥责几句，倒是鲍卫忠反过来劝她别急。

最后终于核定下来双方都认可的沙松数目及补偿款时，鲍卫忠的伤口已被雨水泡得发白，脸上、腿上被蚊虫叮出不少大包。

"每每想起这个案例，我都会受到激励，所谓'精诚所至，金石为开'，便是如此吧。"吕丹感慨道。

执行工作是维护社会公平正义最后一道防线的最后一个环节，法院"执行难"一直是社会关注的热点问题。执行成本投入大，执行局的干警辛苦不说，执结率低，很多案件即便执行标的很小也执行不了，法院可用的查封、扣押、冻结等执行措施大多无法用上。鲍卫忠的原则是小案不小看，小案连着大民生，连着边疆的团结和稳定，每一个执行案，都直接关系到群众的个人和家庭利益，所以不能有半点马虎和懈怠。回想起鲍卫忠往常的工作，吕丹说，在他看来，法院执行不是审判之后的照方抓药，而是对纠纷案件的终极处理，是对社会矛盾的最深层治理。

2021年6月，吕丹调任沧源县人民法院。同年10月，鲍卫忠去世。4个月时间，吕丹从不适应到逐步认同了鲍卫忠依法办事和以理服人、以情动人相结合的工作风格，正如鲍卫忠所说："我们迈出去的是脚步，带回来的是民心。虽然辛苦，但却值得！"

打　赌

"鲍局长，怎么不开警车来给他一点威慑力呢？"已记不清第几次来这个村寨，沧源县人民法院执行局书记员陈美红叹了口气。虽然知道在执行局，"扑空"是家常便饭，但打电话不接，几次上门找执行人都不在，还是难免让人心生怨怼。

"算了，还是开我自己的车，村民都看着呢，别给他增添额外压力。"不出所料，鲍卫忠拒绝了陈美红的建议。有时陈美红觉得鲍局长态度过于随和，他这种"老好人"怎么能对被执行人产生威慑？

这次案件的被执行人陈某因工程材料款没有还清，被人起诉到法院，执行最后期限临近对方还未收到案款，但陈某的电话又经常打不通。于是，鲍局长带上书记员陈美红，到陈某家中了解情况。

"如果今天见不到他，我俩就守在他家门口，旁边有山有水，就当出来散散心赏风景吧。"鲍局长一向深谙知足常乐的道理，乐呵呵地说。

或许爱笑的人运气不错，他们刚进村，就遇到了陈某。鲍卫忠一路小跑着过去，热情熟络地打起招呼："大哥，真是有缘！我们刚才想着来找你，马上就遇到了。"

陈某有文化，也讲信用，在村里人缘不错，得知鲍卫忠来意，他有些羞愧，但别人欠他的工程款收不回来，就没法结自己的工程材料款，所以觉得没脸接法院电话，更无颜见法官，只能连声道歉。

"之前我确实有些困难，现在周转了一下可以还钱。但今天不行，明天可以吗？"

"为什么？"

"今天是我父亲的忌日，按我们佤族的习俗，当日钱财不能外送。"

鲍卫忠点点头，安慰了一番陈某后就离开了。

鲍卫忠轻松答应，可陈美红却想不通。回去的路上，她忍不住

▼ 鲍卫忠（左二）和同事在巡回办案点

抱怨:"他这么说您就信了?我们好不容易才找到他,明天他肯定又跑了。"

鲍卫忠如往常一般笑笑:"我觉得他没骗人,不信我们明天再来看看。"

陈美红没再说什么,她知道鲍局长是一个非常有同理心和共情力的人,一向主张包容理解。多年的基层经验使他充分了解群众,更懂得以怎样的工作方式拉近与群众的距离,陈美红只是希望陈某不要辜负这份信任。

次日出发,鲍卫忠嘱咐陈美红带好收据、信封袋等必备物件,仿佛势在必得。"我敢跟你打个赌,今天有进账。"鲍卫忠自信地说,"如果我输了,请你吃烧烤。"

进了村,陈某没有如约出现,雨倒是不请自来。陈美红又气又悔:"您看,他果然跑了,昨天就不应该答应他。请我吃烧烤吧。"看着雨越下越大,鲍卫忠有点儿不好意思,底气不足地说:"来都来了,我们走着看看,再找不着我请你们去吃烧烤。"

正当他们深一脚浅一脚地走在泥泞路上时,一个背着一大袋苞谷、挎着红色挎包的人影出现在视野中,走近一看,正是淋得湿透的陈某。

"等你们半天不见来,看着要下雨,我赶着去收苞谷了。"陈某抹了把脸上的雨水,把红挎包递给鲍卫忠。接过湿漉漉的钱,鲍卫忠忙用衣角擦了擦,抬起头对着陈美红笑:"怎么样?我就说吧。"陈美红知道他的意思,也跟着笑了起来。

第二章 牢记宗旨 一心为民

"案款到账，赶紧支付"

打开张增凤手机里的短信、微信往来信息，鲍卫忠发来的信息几乎占了"半壁江山"，而且每次发来信息都是重复几个字："案款到账，赶紧支付。"

张增凤是沧源县人民法院财务人员，她有一项重要工作就是对执行案款进行登记、开票、票据补记、发放等。

"鲍局长要求案款一到账，就赶紧付给对方。"张增凤说，有时候为了几百元或是一千多元钱的案款，他也会反复打电话催。为此，张增凤难免会有一些情绪："鸟哥，才那么一点钱，至于那么急吗？"

"这点钱对我们来说可能是小钱，可对群众来说是购买柴米油盐的钱，有的可能还是救命钱。"鲍卫忠解释说。

2018年的一天早上，张增凤刚到办公室，就接到鲍卫忠的电话。"增凤，我们今天下午要去勐省镇办案，刚好要路过赵某家门口，麻烦你去银行把他家3000元钱的案款取出来，我顺道帮他带过去。"

▲ 鲍卫忠（左）在当事人家中

"您这不是存心为难我吗？案款要本人到法院写收条、签字，而且只能打到对方账户，不能直接给现金。"张增凤回应说。

"对方腿脚不便，我先把钱给他带过去，再把收条带回来……"鲍卫忠说得很在理，一时半会找不到反驳理由的张增凤只得到附近银行取出3000元现金交给他。

这些年，执行案款管理要求越来越规范，看似简单的执行案款，管理和发放却很严格，材料不齐、信息不全，任何一个环节出了问题都将影响到当事人顺利领到案款。为此，鲍卫忠总会认真核对，耐心地给张增凤编发关于案款详细信息的短信和微信。有时候他还害怕在短信、微信里说不清楚，特地从二楼跑到四楼张增凤办公室来。"局长，您不用亲自跑来，让书记员来办就行了。"

"我怕有些信息他们不清楚，我来可能更快些。"

"看着案款到当事人账上，他会露出标志性的笑容。"张增凤说。

如今，虽然鲍卫忠离世已有一年多，但张增凤还保留着他的信息，最后一条是："增凤，有笔案款，具体内容我已经发在你的微信上，你看一下，备注一定要按照我发给你的内容写，当事人的领条一会儿就送上去，麻烦你赶紧支付，当事人等着用钱。"

让群众用上沼气

夏末秋初，驱车从沧源县城向糯良乡方向行进 20 余分钟，一片片金灿灿的稻田不断向远方延伸。稻田尽头的山脚下，坐落着一个美丽的佤族村子——坝尾村。

走进村里，一座座红顶灰墙的佤族民居，房前屋后进村入户硬化路、活动广场、太阳能路灯、垃圾池及排水沟等公共基础设施一应俱全。

"以前，村民住的是茅草房、杈杈房、油毛毡房，走的是泥巴路，道路两侧更是杂乱不堪。"坝尾村原党总支书记李明军说，他们村曾是典型的脏乱差。佤族群众有养猪、养牛等传统，一些村民直接把没经过处理的粪水排到村里。雨季，牲畜的粪水顺着雨水到处流淌；天气炎热的时候，粪便的恶臭味弥漫在空气中，苍蝇、蚊虫不断滋生……

早些年，村民生火做饭、取暖主要靠木材，家家户户房前屋后堆满了柴火。乱砍滥伐现象时有发生,对生态环境破坏极大。而且有些住户把柴火堆在房前的路边,既影响村容村貌,也影响村民进出。

随着沼气池的出现,这些问题得到解决。李明军说:"坝尾村这一变化,鲍卫忠局长功不可没。"2003年,鲍卫忠被派到糯良乡挂任副乡长,同时驻点坝尾村并担任村委会副主任。

"李书记,我们能不能借'三村'建设之机,想办法从根本上解决村里人居环境差的问题?"刚到坝尾村没几天,鲍卫忠就向李明军建议道。

▼ 坝尾村一角

"现在全国各地都在推广建设沼气池,其他地方可以建沼气池,为何我们村不可以呢?"鲍卫忠一席话让李明军和其他村干部茅塞顿开。

把人畜粪便、作物秸秆、青杂草等投入沼气发酵池中,产生的气体用来照明和做饭,发酵后的沼液、沼渣可作为农作物肥料。这个变废为宝的项目很快得到村民的纷纷响应和支持。

鲍卫忠是一个雷厉风行的人,他随即向县林业等部门争取项目支持。没有人知道,鲍卫忠在争取项目过程中碰到了哪些困难,也没有人知道他是如何说服相关部门领导的。只知道,没多久县林业局(现县林草局)就派工作人员到坝尾村进行实地考察,对有条件修建沼气池的农户进行统计。

"政府补助碎石、水泥以及人工费,并派技术员现场指导建设,村民仅需负责组织施工即可。"李明军说,短短几个月,全村大多数村民都建起沼气池。如今,20年过去,有的沼气池依然在使用。

这些年,随着农村电网改造、电力的满足供应,大多数村民用上电饭煲、电磁炉、电水壶等家用电器,而且随着煤气、天然气进入千家万户,沼气池渐渐淡出人们的视野。但是,当年沼气池的修建和使用,对于坝尾村来说,无疑是一场"卫生革命"。

第二章 牢记宗旨 一心为民

翻山越岭只为见这一面

沧源县人民法院执行局书记员陈美红对鲍卫忠的执行记忆，大部分是在沧源县境内弯弯曲曲、又窄又陡的盘山公路上，还有那辆常年跋山涉水、饱经风雨的"103"号警车。

沧源县森林覆盖率高，群山连绵、层峦叠嶂，执法需要去的村寨多是在群山环抱之中。如果抱着欣赏的心态来看，可以说美不胜收，但对于工作来说，每一趟行程却是艰难无比。去一趟40公里外的乡村，要花两三个小时，如果遇上下雨、浓雾、滑坡，便会耗去一天时间。找被执行人、找财产线索、开展调解，这些本就没有定数的工作，其结果常常是带着满身的疲惫无功而返。"明天再来！""再去看看！"鲍卫忠早已习惯来回奔波。

山高路远，有些事情为什么不通过电话沟通而非要亲自上门？陈美红不是没问过鲍卫忠。不过跟着跑了几次后，也不用鲍卫忠回答了。佤山地区执法不易，稍不留意，便会导致误会、分歧，引发

▲ 在执行路上，鲍卫忠（右）和同事为车辆更换轮胎

纠纷。电话沟通虽然方便，但执行的温度如何掌控、如何调解，是冷冰冰的电话无法比拟的。

"明天下乡，被执行人金某刑满释放了，要趁早见。"

"去哪里？远吗？"

"不远，三个小时就到了。"

正是晚饭时间，陈美红接到鲍卫忠的电话。她已经习惯鲍卫忠所谓的"不远"，他们要去的班洪乡嘎洪组，其实是班洪乡最远的一个地方，"三个小时"其实只是最理想的状态。

7月，正逢雨季，山里的雨来得随心所欲，一会晴、一会雨，警车一路战战兢兢，小心翼翼，却还是在经过一段塌方路段时突然爆胎。鲍卫忠一边安慰陈美红，一边拿出工具准备更换轮胎。倒霉的事却接踵而至，工具在使用中断了，只能打电话求助最近的村委会。而此时已是中午，距离目的地还有一半路程。

早上 8 点出发，下午 2 点终于到达目的地，午饭自然是没着落，但这些都没有比见到金某时给陈美红带来的失望大。一个刚刚刑满释放的单身汉的家，除了一地老鼠屎，真是家徒四壁，哪来的钱赔款？想起在路上申请人打电话殷殷询问着执行款有无着落，受害人等着钱治病的话语，鲍卫忠和陈美红都沉默了。

回程路上，陈美红还抱着"白跑一趟"的想法，可鲍卫忠已有打算。"小陈，你有司法救助的模板吗？我们经过村委会再做一遍详细的调查，开个证明……"话还没说完，一个急刹车，车子就停在路中间倒卧的大树前。

"好事多磨，好事多磨！"陈美红惊魂未定，鲍卫忠已经念叨着下车去挪树了。

"翻山越岭，只为见这一面。"在村委会填完申报国家司法救助金材料后，鲍卫忠突然调侃了一句，此时的两人满身疲惫却又满怀希望。

就是这一面，解了申请人的燃眉之急。2021 年 11 月，5 万元的司法救助款汇到了申请人的账户上，而此时鲍卫忠已经去世一个月。

"微商"局长

鲍卫忠手上曾有一起标的额达 10 万余元的合同纠纷案，被执行人卫某是一名耿直的佤族汉子，有心还债，奈何家徒四壁，抠不出一个子儿。

鲍卫忠几次上门拜访，卫某感觉面子挂不住，有时话说得比较重，但鲍卫忠从未放心上。他满脑子都是卫某的房前屋后种了什么、周边有什么资源、还可以做点什么。

把了几次"脉"，鲍卫忠开出了"方子"——核桃树下养土鸡。卫某家前有公路通行、后靠大片森林，具备林下养殖的现成条件。而且卫某所在的糯良乡地处沧源县中部，交通四通八达，人流量大，销路应该不成问题。听鲍卫忠娓娓道来，卫某心里也燃起火花，一口一个"普艾"（佤语，意思兄弟）替换了生分的"鲍局长"。"兄弟"自然不是白叫，鲍卫忠手把手给他指点起"养鸡经"。

3 个月过去，鲍卫忠再上门时，迎接他的除了卫某，还多了一群毛色鲜亮、活蹦乱跳的土鸡。可卫某依然拿不出一点钱，毕竟鸡再好，卖不出去又有什么用？

鲍卫忠再次兼职起"商业顾问"。"你是怎么个卖法？""等买主上门。""怎么不做点宣传？""怎么宣传？我又不会上网，手机都只会接听几个熟人的电话，短信也不会用。"鲍卫忠不动声色提起两只土鸡，并递给卫某300元说："兄弟，你还没开张吧？这钱就当我给你开张了，这么好的鸡，我来帮你推销！"

一串动作行云流水、驾轻就熟。20世纪90年代末，他还在沧源县单甲乡农经站工作时也经常这么干。当时要征收农业特产税，他和同事一家一户去收。老百姓贫困，很多家庭交不上税，鲍卫忠就到村委会去折算农民家里的鸡或谷子，然后拉着同事一起凑钱按

▼ 鲍卫忠生前发在朋友圈里的信息

照市场价买下来，让老百姓用来交税。

在单甲乡走村串寨、深入农户的 3 年，让鲍卫忠切身体会到农村之苦、农民之难，他的一足一履踏在了阿佤山间，也深深烙在了自己心中。越是见识苦难，越是经历疼痛，也越发柔软和宽容。

卫某家的生意总算开了张，但还要宣传到位，于是鲍卫忠左右呼唤他的同事："你们晚上去我家杀鸡吃，都来。"回去的路上，每路过一家饭店，他都会拎着刚买的两只鸡去"推销"。"正宗土鸡、散养的"，一样的姿态、一样的开场白，活脱脱一副养鸡户的样子。饭店推销不理想，他又给土鸡拍照发朋友圈，亲自打电话"推销"这物美价廉的好货。

"怎么局长不当转卖鸡了？""前不久你在网上帮人卖二手车，这会儿又帮谁卖鸡？搞推销你还真会拿同学朋友开刀，我服了你。"一番操作下来，鲍卫忠卖鸡这个事在朋友中火了，也带火了卫某的土鸡。朋友们冲着鲍卫忠的人品接受了他的推销，半个月不到，土鸡卖了 30 多只。后来听说买的人越来越多，还有不少回头客，最多的一天卖出 50 只。

卫某从未想到自己能从绝望中那么快看到希望，他知道是鲍卫忠用自己的信用做担保拉了他一把。他又愧疚又感动，在心底发誓，要赶在过年前，把 1 万元钱交到鲍卫忠手里。

土鸡越养越多，卫某忙得无暇他顾，但心里总想着忙过这阵再约普艾喝顿酒……但没想到，等来的却是鲍卫忠不幸去世的消息。卫某丢下土鸡匆匆赶来送行，一声声"普艾"浸满泪水："您放心，鸡卖得好呢，债也还完了，来生来世我们还是普艾……"

第二章 牢记宗旨 一心为民

为了打通"最后一公里"

"早些年,进出我们村只有一条仅能够人背马驮的小路,连农用车都开不进来。每逢雨天,村民出门极为不便,年轻人外出做客或赶集,都要另带一双干净的鞋出村后再换上。"沧源县糯良乡坝尾村原党总支书记李明军回忆说。

坝尾村是一个典型的农业村,村民以种植水稻、玉米维持生计。每到农作物收获季节,由于车辆无法进出村,村民只能通过人背马驮将一袋袋玉米、稻谷往家里运送。有的村民家一年的稻谷有一百多袋,全靠肩挑背扛,苦不堪言。因此,从村里修建一条通车公路连接村外的主干道,一直是坝尾村村民的梦想。

鲍卫忠到坝尾村驻村后,深刻意识到"最后一公里"路不仅困扰着群众出行,还制约了全村经济社会发展。于是,他决心帮助村民彻底解决这个难题。

由于这条出村公路未被纳入"三村"建设项目,想修建得另想

▲ 通往坝尾村的路

办法。当时的坝尾村是贫困村，村里根本拿不出这笔修路钱，只有争取上级部门支持。为此，鲍卫忠带着村干部一次次去上级部门，请求给予帮助。"功夫不负有心人"，鲍卫忠最终争取到200多吨水泥。

修路是村民梦寐以求的事，他们理应踊跃支持，可事实并非如此。"10余户人家面临拆迁腾地，有的需要拆除猪圈牛舍，有的需要拆除房屋，有的需要让出菜园……这些村民意见很大。"李明军说，有些村民还跑到村委会找鲍卫忠和村干部表达不满。

意见最大的是肖某一家。"其他家只需让出一部分土地，而肖某家的房子要全部拆除让出宅基地。"李明军说，"根据当时的补助标准，除政府补助部分外，他家建新房还得自己出六七万元钱。"

得知自己还要出那么多钱，肖某坚决不同意拆除自家房子。为此，鲍卫忠多次上门做思想工作，即便肖某对他破口大骂，他也总是面带微笑好言相劝。去一次不行就去两次,早上去谈不成,就晚上去。"村里划给你的那块宅基地,无论从哪个角度讲都是最好的,你绝对不会吃亏。""这条路修通以后,村民都会感激你的。"经过鲍卫忠一次次软磨硬泡,肖某一家终于想通了。

建筑材料有了,拆迁村民的工作也做通了,接下来鲍卫忠和村干部又组织村民投工投劳开工建设。经过一年多的建设,坝尾村修通了5条进村公路,共计4公里多,彻底解决了出行难、运输难问题。

第三章

公正司法 担当作为

法律不应该是冷冰冰的，司法工作也是做群众工作。一纸判决，或许能够给当事人正义，却不一定能解开当事人的"心结"。"心结"没有解开，案件也就没有真正了结。要通过热情服务，切实解决好老百姓打官司难问题。

——2013年2月23日，习近平总书记在十八届中央政治局第四次集体学习时的讲话

述评 | 让人民群众感受到公平正义

"全世界都可以闭眼睛，而法官必须睁着眼睛。"在鲍卫忠的笔记本里，记录着这样一句话。

潇洒落笔易，躬身践行难。为践行自己的誓言，鲍卫忠燃尽了短暂、平凡而令人敬仰的一生。

1997年，鲍卫忠进入沧源县人民法院工作。第一次穿上法院配发的制服，他抑制不住喜悦之情，特意留下一张纪念照。而后，他意气风发踏上了维护公平正义之路。2021年，鲍卫忠积劳成疾，因突发脑溢血倒在工作岗位上。在离世前的半小时，他还牵挂着一笔未发到当事人手中的司法救助金。

24年坚守，鲍卫忠留下了一串串深深的"脚印"：为了一个标的5000元的纠纷案件，6次到现场调解；翻山越岭6个多小时，只为与被执行人见一面；历经艰辛为群众追回摩托车款；让持续8年的纠纷画上圆满句号；……24年来，鲍卫忠办案行程累计达上万公里，化解了650件"钉子案""骨头案"。这些成果，正是由一次次公正司法的担当作为汇聚而成。

鲍卫忠办理的多是些小案件，但他心怀的却是"国之大者"。他的岗位虽平凡，但他肩负的却是维护边疆地区和谐稳定、民族团结进步的重任。他始终践行司法为民宗旨，努力让人民群众在每一个案件中感受公平正义。

习近平总书记指出："人民群众对美好生活的向往，就是我们的奋斗目标。"鲍卫忠把这句话记在了笔记本上，并写下"这是对法院工作的新要求、对法官责任的新要求"。

心中有信仰，脚下有力量。鲍卫忠把期待转化成公正司法、担当作为的动力，致力于在边疆民族地区播撒法治的种子，为群众带去法治之光。他用"铁"的毅力，尽全力追回每一笔执行款，捍卫群众的合法利益；他用"柔"的温度，用心用情化解矛盾纠纷，维护边疆和谐稳定，促进民族团结进步。

脚下沾有多少泥土，心中就沉淀多少真情。在沧源县人民法院的大厅里，挂着一张图片，鲍卫忠与群众坐在一起，笑容灿烂，他胸前的法徽，光芒正盛。

1小时理清70余笔不明案款

2021年3月，从沧源县人民法院其他部门调整到执行局工作的金欣欣，开始独立承担内勤工作。第一个星期，她就遇到了一项棘手且紧迫的工作——清理近期打到执行局账户上的90余笔不明案款。

那天是3月5日，星期五下午6时30分，当金欣欣拿着材料走进鲍卫忠的办公室时，鲍卫忠刚好拿起他随身的小挎包，斜挎到肩膀上，准备锁门回家。

"鲍局长，这里有90余笔不明款项，时间要求又紧，我实在理不清楚，真是头大啊！"金欣欣说。

"不着急，咱俩一起来理。"鲍卫忠放下刚刚挎好的小包，拿出电话打给妻子周红："你们不用等我吃饭了，我要加一会班。"

"那些款项，只有缴款人和金额，但缴款人并不是案件的被执行人，要把一笔笔款项精准地对接到每一个案子里面，真的太难了。"金欣欣说。面对一连串与案件毫无关联的缴款人，她一头雾水、毫

▲ 鲍卫忠（右）加班整理案件卷宗

无头绪。而鲍卫忠看到名单，竟然一口气说出其中 70 多笔款项对应的案件："这个人是某某的妻子，是她老公欠别人钱。""这个人是某某公司的财务，他们公司差着不少人的钱。"……

一个多小时的时间，在鲍卫忠的帮助下，大部分不明案款找到了出处，金欣欣心里的一块大石头总算落了地。

整理完这些，鲍卫忠背起小挎包，下班回家。看着他远去的背影，金欣欣发自心底地说了一句："局长，您真牛！"

清理不明案款是一项长期且持续的工作。2021 年底，云南在全省开展执行案款集中清理专项整治行动，不明案款的清理是其中的重点，当时鲍卫忠刚刚离世，沧源县人民法院具体工作的执行人就是金欣欣。

"那段时间，经常加班到凌晨，但有些案款抓破头都想不清楚。看着鲍局长办公室一直紧闭的大门，我时常幻想，局长，要不您托个梦给我讲讲吧！"回忆往事，金欣欣泪如雨下，"我们还有很多东西要跟您学习呢！"

第三章 公正司法 担当作为

以真心换真心

代海龙第一次见到鲍卫忠是在 2018 年。作为沧源县一家公司的法人代表，那天他正在沧源县班老乡班搞村工地上，遇到了前来走访的鲍卫忠。在代海龙的印象中，鲍卫忠笑起来一脸灿烂，质朴慈祥，大度随和，不太像个法官。而再次见面，则是两年后，当时代海龙是执行申请人。

2017 年 12 月 17 日，代海龙与班老乡班搞村村民们签订农村危房改造协议书，为他们建盖位于班搞村委会内管三组的私人住房。2020 年工程结束后，建房尾款却迟迟收不上来，代海龙不得已一纸诉状把班搞村 20 多户村民诉至法庭。

执行时接手这个案子的人正是鲍卫忠，细细读过文字记录，了解了是因为村民主动改变施工方案导致无法支付尾款这个情况后，鲍卫忠便开始一家一家打电话沟通。

代海龙在鲍卫忠办公室听过几次对话，每次都从琐碎小事开始，吃饭了没，家里情况如何，聊着聊着鲍卫忠就会流畅地把话题转到房子上，但并不让人心生警惕和反感，因为他总是以关心的角度切入，询问家里有什么困难，等等。

原本代海龙质疑这样的办案效率，但没想到有效果。经过电话沟通后，大部分村民都表示愿意还钱，只有6家不同意。鲍卫忠就去班搞村走访了四五次，最后一次去，代海龙也到了现场。鲍卫忠拉着村支书做双方的思想工作。"小代，你看他们没有打工的地方，每月靠割胶只有700—2000元的收入，能不能给他们点时间？"代海龙想了想，事情已经比他预想的好了不少，与其僵持，不如放开点，便点头答应。见他同意，鲍卫忠又转头跟村民们说："我跟小代已经沟通好，他已经作出很大让步，你们如果同意，按时还款就行。"村民也点头答应了。

代海龙记得，那次现场沟通只用了1个小时，能如此顺利，源

▼ 鲍卫忠（右二）到村民家走访

于鲍卫忠做了两三个月的前期工作。

和解后一个星期，鲍卫忠对双方进行回访，第二次回访则是一个月后。代海龙原以为，他和鲍卫忠的交集就到此了，但一来二去，两人愈发熟络起来。

"我是个'90后'，鲍局长是'70后'，我们年龄上虽有差距，但交流起来毫无代沟。"代海龙说，鲍卫忠大公无私，坦坦荡荡，让人觉得很容易亲近。与鲍卫忠交往久了，代海龙越发理解他的做事方式。大部分案件如果只追求结案很简单，但鲍卫忠要的不是简单意义上的结案，他要实实在在地把案款兑现给当事人。有时款项兑现了、结案了，他也会一直跟踪情况，直到矛盾化解、双方和解。"我们的工作方法就是用真心、不放弃，一次不行就多去几次，和他们拉家常，慢慢感化，老百姓都会理解的。"鲍卫忠常这样和代海龙说。

听说鲍卫忠住院，代海龙一早就给他打电话，想问问他的情况，准备下午去医院看看他，但电话一直没接通。代海龙转头把电话打给了鲍卫忠的弟弟，电话里声音低低的，代海龙只听清一句"他走了"，一时没反应过来，下意识问了句"走去哪了？"弟弟才又明确说了一遍。挂掉电话，代海龙脑子里一团乱麻，他不知道能做什么，只能匆匆赶到鲍卫忠家，期望能帮上点什么忙。

追悼会那天，很多人连夜赶来，其中有很多同事，还有很多曾经的当事人。代海龙听很多人说过，每办一个案件，鲍卫忠都会多一个兄弟和朋友。他想，确实是这样，他不也是这样成为他朋友的吗？只是这段友谊，有些太过短暂。

"孩子不要急"

2018年,学生高某向沧源县人民法院申请强制执行,要求李某某支付抚养费。李某某是高某的生母,女儿把母亲诉至法院要抚养费,这在佤族地区很少见。

其实案情并不复杂。2006年申请人高某父母离婚,约定高某由父亲抚养,母亲每月支付150元抚养费,若申请人高某18岁后还在校就读,其生活费、学费、医疗费由双方共同承担。

当年,尚未成年的高某要外出求学,离开学不到一个月时,费用还未凑够。因其母亲多年未支付抚养费,高某在父亲的帮助下,向沧源县人民法院申请执行。

鲍卫忠一见稚气未脱的高某,心里顿感五味杂陈。在了解情况后,他对高某说:"孩子不要急,你妈妈和我是同学,我去做工作,再穷不能穷教育,学费怎么说我都会叫她拿给你。"

随后,鲍卫忠带着书记员找到被执行人李某某的住所,并一改

▲ 鲍卫忠（右）和同事认真整理案件材料

以往和被执行人拉家常、耐心谈的工作作风，一见到被执行人李某某立马就问："李同学，你怎么回事？离婚就不管孩子了吗？"不等被执行人李某某回答又接着说："我不管你和前夫是什么情况，孩子的学费你今天一定要想办法凑来，不然我们以后见面招呼都别打了。"

"你别拿法律说事，先听听我的苦衷。"李某某满脸委屈地说。原来，这些年，前夫一直在李某某与孩子之间制造隔阂，破坏了李某某在孩子心目中的形象，令李某某伤透了心。

离婚时，李某某坚决要孩子的抚养权，前夫就是不松口。她说：

"只要孩子判给我,捡垃圾我也会把娃娃养大,哪会有现在这个结果?"

鲍卫忠说:"既成事实,别再纠结。我看那娃娃教育得很好,你前夫也尽到一个做父亲的责任。如果你生活困难,要不要我发动同学一起帮你?"

当天下午,李某某就来到沧源县人民法院。当她将抚养费递到孩子手上时,孩子给她鞠了一躬,一声"谢谢妈妈",叫得李某某泪流满面……

第三章 公正司法 担当作为

"鸡蛋里挑骨头"的人

敦实的身材、黝黑的脸庞、淳朴的笑容,这是鲍卫忠留给李有光的最初印象。2010年,李有光刚到沧源县人民法院工作的第二天,鲍卫忠就笑盈盈地走进他的办公室,约他下班后一起打篮球。

这对刚到沧源县人民法院工作的李有光来说,鲍卫忠的热情邀约,让他心里很温暖。李有光是外地人,不了解沧源县的风土人情,不过在鲍卫忠的关心帮助下,他很快适应了新环境。每逢节假日,鲍卫忠还会邀请李有光和其他不能回家的同事到他家里吃饭。

不久后,李有光被安排到书记员岗位。当时鲍卫忠是书记员管理办公室主任,李有光暗自庆幸:"鲍主任这么和善,工作上肯定不会为难我们。"

然而,李有光很快就发现自己想错了:"没想到,在工作中,鲍卫忠是一个'鸡蛋里挑骨头'的人。"2011年,李有光被安排到勐省中心法庭担任书记员。根据工作要求,他每星期都要到书记员管

人民法官 鲍卫忠

理办公室移送案件卷宗。然而,第一次移送案件卷宗时就被鲍卫忠"刁难"。

周五下午,李有光带着几个卷宗,踏上从勐省镇开往沧源县城的班车。每逢周末精神爽,李有光的心里早有计划:"移交完卷宗就去找朋友小聚一下,放松放松。"

客车刚进站,李有光就迫不及待地打了一辆出租车往法院赶去。"你看这些记录,一点都不规范,拿回去重新整理,下周交回来。"看着被鲍卫忠打回来的卷宗,李有光像蔫了的茄子一样,抱着卷宗走出法院。

原来,在做记录时,李有光遗漏了一些容易疏忽的内容,被细心的鲍卫忠发现了。"比如,开庭时法官首先应该先询问原告、被告的姓名以及出生年月等,对于书记员来说,在做记录时,这些内容

▼ 鲍卫忠的同事

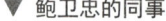

也要规范呈现。"李有光说,而他恰好没有记录这些信息。

时光匆匆,又到了周五。李有光又带着卷宗来到鲍卫忠办公室。"这次应该不会有问题了吧?!"李有光自我安慰道。然而,怕什么来什么。"这两个可以了,这几个卷宗装订不合格,拿回去好好琢磨一下每页材料装订的先后顺序。"鲍卫忠的一句话,让李有光的心情顿时沉到谷底。

之后,李有光每次移送案件卷宗都"不顺利",鲍卫忠总能挑出各种问题,甚至有一个卷宗,李有光先后跑了5次才移交成功。

"那段时间,我经常问自己,鲍主任是不是对我有什么意见?后来我才了解到,他对每个书记员的要求都一样严格。"如今,李有光被调到临翔区法院工作,并担任执行局长。"现在回想起来,那段经历让我受益匪浅。他是在帮助我们提高工作标准,尽快成长。"李有光说。

"不要轻易采取强制措施"

"宁愿多做几次调解工作,也不要轻易采取强制措施。"这是鲍卫忠任执行局局长以来,始终秉持的执行理念。

2019年,临沧市双江拉祜族佤族布朗族傣族自治县勐库镇居民张某某向法院起诉邻居杨某某、李某某侵占他家的宅基地。"杨某某、李某某家建新房时不但侵占了张某某家的宅基地,还砌了一堵围墙,将张某某家进出家门的道路堵死。"鲍卫忠的生前同事李志远回忆说。

由于被告人有亲属在双江县人民法院工作,临沧市中级人民法院指定由沧源县人民法院受理该案。最终,法院判决被告杨某某、李某某限期拆除侵占原告张某某家宅基地的部分建筑物。

因被告杨某某、李某某未能依法履行生效判决,原告张某某向沧源县人民法院申请强制执行。鲍卫忠随即带着工作人员,向100多公里外的双江县进发。

▲ 鲍卫忠（右一）在田间地头调解纠纷

一路上，平日里爱说爱笑的鲍卫忠却判若两人，他坐在副驾上一言不发。"他肯定在琢磨案件突破口。"与鲍卫忠共事多年，李志远对他的工作方式十分了解。

然而这次沟通并不顺利。"被告人一直在找各种理由推托，绝口不提拆房之事，而且态度非常恶劣。"李志远说，第一次上门调解失败了。

随后，鲍卫忠又多次带着工作人员主动上门与被执行人沟通交流，但其态度依然强硬。为此，鲍卫忠对被执行人发出强制拆除相关围墙的公告，并要求其在公告限期内主动拆除侵占原告宅基地的部分建筑物。

然而，杨某某、李某某依旧没有拆除建筑物的打算。为依法保障胜诉当事人的合法权益，鲍卫忠决定采取强制拆除措施，并根据情况对杨某某、李某某进行拘留。

这次鲍卫忠显然是下了决心，一大早他便带着执行民警和工作人员向双江县勐库镇赶去。到达现场后，工作人员根据预定方案迅速开展工作，劝导组、强拆组、摄像组全部到位，只差鲍卫忠最后一声令下。

然而，鲍卫忠再一次犹豫了，他还想做最后一次调解。这次鲍卫忠没给对方"辩解"的机会，直接向被告阐明了对抗执法的严重后果。或许是被鲍卫忠的话打动，或许是被眼前的阵势所震慑，经过两小时的沟通，被告终于同意自行拆除侵占原告宅基地的部分建筑物。"看到被告开始动手拆墙，我们就放心地走了。"李志远说。

"我们拿着国家付给的工资"

鲍卫忠葬礼的那一天,很多群众自发前来送行,空气中弥漫着悲伤的气氛。人群中,重庆汉子喻云峰不停地抹着眼泪……

喻云峰是沧源县城一家摩托车经营店的店主,他与鲍卫忠非亲非故,通过一件案件认识鲍卫忠。由于鲍卫忠情系群众、秉公执法,很多像喻云峰一样来沧源创业的外乡人都很信任鲍卫忠。鲍卫忠的离世,令喻云峰伤心不已。

10多年前,喻云峰跟着老乡从重庆来到沧源县做生意,后来在沧源县城开了一家摩托车专卖店。2015年,男子田某走进专卖店,一眼便看上一辆价值1万多元的摩托车。"你的眼光不错,这是目前我们店里卖得最好的一款摩托车。"喻云峰向来者介绍道。

简单地办理手续后,没有任何抵押,也没有给一分钱的预付款,喻云峰便把摩托车赊给了田某。其实,把摩托车赊给当地群众,对于喻云峰来说并非第一次。经营摩托车店这些年，他赊出去的摩托车达上百辆，从没有出现问题。很多群众甚至还提前将款项付清。

然而，这次却出了意外，预定付款的时间早过了，就是不见田某前来付款，甚至连他的电话也打不通。对于以经营摩托车店养家糊口的喻云峰来说，1万多元钱不是小数目。

喻云峰急了，在朋友的建议下，他立即向沧源县人民法院起诉田某。然而，田某没有履行生效的判决。无奈之下，喻云峰只能向法院申请强制执行。

"喻老板，你不要着急，你的摩托车款我们一定帮你讨回来。"随后，鲍卫忠就带着书记员来到喻云峰的摩托车店了解情况。得到鲍卫忠的承诺，喻云峰悬着的心终于落地。

▼ 鲍卫忠（前）和同事查看拍卖车辆

沧源县群山延绵、道路崎岖，办案出差，百十公里的路程，有时往返需要跑上几天。喻云峰不知道鲍卫忠为了帮他讨回这笔钱款都经历了什么，只知道没过几天，鲍卫忠那边就传来消息，田某家经济条件非常困难，家里没有什么值钱的东西可以变卖。"通过我们反复做工作，他答应一年内分期付清你的摩托车款。"鲍卫忠说，"请你也多理解和宽容他，再给他一点时间，他现在到外面务工赚钱去了。"

"最终，不到7个月田某就付清了摩托车款。"喻云峰说，他想请鲍卫忠和执行局办案人员吃顿饭，表示感激之情。然而，却被鲍卫忠婉言谢绝了："我们拿着国家付给的工资，这些都是我们应该做的。"

执行被称作是案件完结的"最后一公里"。一头是申请执行人，一头是被执行人，就像是天平的两端，拿捏不准就容易失衡。鲍卫忠尽心竭力，把司法温暖送到群众的心坎上。

好事多磨

坝尾，顾名思义离山近离街子远。2003年，临沧市委决定从基层选拔100名年轻干部，下派到100个自然村进行为期两年的挂职锻炼。27岁的鲍卫忠名列其中，被派到沧源县糯良乡任副乡长，同时驻坝尾村，担任村委会副主任。

鲍卫忠驻村期间，正值临沧市实施生态村、文明村、小康村"三村"建设，坝尾村一组60多户村民的茅草房、油毛毡房都要拆除重建。"当时，村民住的多是茅草房和油毛毡房，漏雨漏风不说，还存在很大的安全隐患。"时任坝尾村一组会计陈光伟回忆说。

按理说，旧房改造是好事，可村民们却迟迟不动工。原来，按照当地佤族习俗，拆房子要算日子，可什么日子算合适也没个定性。就这样，日子不对不能拆、家中有事不能拆……事情一拖再拖，这让一腔热忱的鲍卫忠犯了难。

"我可以等，可是上面定下的工期可不等人。"鲍卫忠是来挂职

▲ 鲍卫忠（中）走访群众

的干部，时间有限，如果旧房改造工程不能如期完成，那就真对不起家乡父老。看着那些摇摇欲坠的房子，鲍卫忠的鼻子阵阵发酸。为此，他多次与村干部谈心、开会，寻求解决问题的办法。

"群众不愿拆，那党员和村组干部要做好榜样，带头支持惠民政策。"鲍卫忠将目光转向陈光伟、陈光明、鲍尼嘎布等党员户。其实，鲍卫忠选中这三家还有另外一个原因，那就是他们都曾走出过坝尾村，目睹外地快速发展给群众带来的幸福生活，思想觉悟和处事态度与普通群众不一样。

一段时间后，看到陈光伟等党员户拆除旧房，建起具有佤族特色的砖瓦房，村民们动心了。有的村民还主动找到鲍卫忠，要求先拆他们家的房子，有的村民还自己动手拆起来。

正当全村都在如火如荼拆旧建新时，细心的鲍卫忠却发现村民鲍大本家没有任何动静，他随即带着村干部前往了解情况。原来，鲍大本家老房子位置较窄，不符合在原址拆旧重建的条件，村里为他家在其他地方规划了新的宅基地，可鲍大本担心破坏了自家"风水"而不愿搬离。

"这个地方太窄了，如果在这里拆旧重建，连建猪圈、牛舍的地方都没有，以后你家怎么生活?"鲍卫忠不急不躁地用佤语劝说鲍大本。一次、两次、三次……经过软磨硬泡，鲍大本终于同意拆除旧房子，搬到新的宅基地建房子。

就这样，在3年时间里，鲍卫忠带领村干部完成全村200余户村民的旧房改造工作，让全村老少900多人住上了安全舒适、漂亮美观的新房。

第三章 公正司法 担当作为

一面锦旗

"小吴,有人来执行局送锦旗了,你要不要过来报道?"2020年3月,作为沧源县人民法院办公室的一名法官助理,吴佳媛的工作职责之一就是写简讯。听到这个有价值的新闻线索,吴佳媛立即来到执行局局长鲍卫忠的办公室。

鲍卫忠的办公室不大,吴佳媛赶到时,两名送锦旗的人坐在门口的小沙发上,反复说着"太感谢了!""谢谢,谢谢!"坐在他们对面的鲍卫忠笑着回复:"应该的,这是我们的工作,也是我们的职责所在。"

从几人的交流中,吴佳媛得知,来人是熊某和他的朋友。2016年,熊某承建了由某公司分包的一个拆迁建设项目,他垫款开工后迟迟未收到公司的项目工程款。经法院一审、二审后,该公司仍未支付。无奈之下,2020年2月27日,熊某向沧源县人民法院递交强制执行申请书。

收到申请书后，执行局第一时间采取措施，请协助单位进行财产查询，鲍卫忠也会每日反复关注查询动态。短短5天后，好消息传来，被执行人有足额可供被执行的财产。

冻结，划拨！3月27日，申请人熊某的74万余元案款成功兑付到账。

"如果没有你们，我的钱肯定是追不回来了，你们执行局行动快、效率高，要向你们学习。"3月26日做好锦旗，27日下午熊某就迫不及待地把印着"公正执法 清正廉洁"8个大字的锦旗送到执行局。

"鲍局长，你们一起拍张照吧。"在吴佳媛的建议下，几人拿着锦旗拍了张合影。第二天，吴佳媛采写的简讯《申请人感恩送锦旗，高效执行暖人心》刊发在沧源县人民法院的微信公众号上。

▼ 鲍卫忠收到的锦旗

送走熊某之后,看着当天一直带着微笑的鲍卫忠,吴佳媛不禁问道:"鲍局长,您怎么看着比申请人还高兴啊?"

"看他们拿到钱,我也开心啊。我们每天忙活,不就是为了能给老百姓解决难题吗?"鲍卫忠说。

让持续8年的纠纷画上圆满句号

雨,下个不停。

在鲍卫忠的追悼会上,伴随着低沉的哀乐,连夜赶来的佤族汉子艾嘎眼泪止不住地流。

谁能想到,作为鲍卫忠办理的一起延宕8年的土地纠纷案件的被执行人,此前他还曾恼怒地将鲍卫忠拒之门外。

同样,在距离沧源县城不远的勐角村委会文胜村民小组,听到鲍卫忠去世消息的村民杨建华,也感到无比震惊和伤感:"这么好的人,怎么突然就不在了?"

杨建华是该案件的申请执行人。

因为鲍卫忠,让原本水火不容的两个人,第一次有了心平气和的交流。

8年前,因为一起土地纠纷,杨建华所在的文胜村民小组和艾

▲ 8年的土地纠纷画上圆满句号，如今建起一幢烘干房

嘎闹到了法庭上，他们的身后，一边是傣族村民，一边是佤族村民，案件执行难度极大。

此前，当事双方曾试图协商解决，勐角村委会党总支书记赵光歆曾多次带着杨建华等村民到艾嘎家中进行调解，可话不投机半句多，每次双方均不欢而散。

一次，为了给对方施压，艾嘎从原来居住的村里叫来村民，将杨建华等人团团围住。

在数次剑拔弩张的沟通无果后，这起案件由法院作出最终判决。沧源县人民法院执行局的工作人员接到任务后直摇头，大家都觉得，这又将是一起"执行难"。但鲍卫忠话不多说，带着几名工作人员来到勐角村委会。来之前，他早就想好了对策。

"他先到我们村，让我带他到产生纠纷的土地上看看，认真察看后，他没有多说什么就回去了。"赵光歆说，原以为随后几天鲍卫忠没有跟进这项工作，但后来听说，掌握情况的鲍卫忠很快就到了艾嘎家。

但第一次上门并不顺利，那天，艾嘎大门一摔，让鲍卫忠碰了一鼻子灰。

无奈之下，鲍卫忠约了乡镇干部二次登门。在艾嘎家中，鲍卫忠像往常一样，和对方拉家常，耐心地向对方讲解政策。

"'各族人民一家亲，九老九代不丢伴'，咱们佤族世代相传的祖训，你忘了？"鲍卫忠对艾嘎说，"这个案子我一定会公平公正地处理好，请你相信法律、相信法院！"

后来，鲍卫忠又去了艾嘎家几次，苦口婆心地劝说，却没有什么收效。一次，在返城路上，同事李亚兵冲着鲍卫忠抱怨："该用强制手段就用强制手段嘛！"鲍卫忠只是笑笑："执行难，难在解开人的心结。咱们再想想办法！"

几天后，李亚兵早早接到鲍卫忠电话，说带他去过年。那天，恰逢佤族新年"新米节"。

没想到，鲍卫忠再次敲响了艾嘎家大门，不等艾嘎反应过来，鲍卫忠就把稻穗挂到了门上。新米拿到厨房，一句"兄弟，祝你年年大丰收"后，执拗的艾嘎终于打开了话匣子。原来，他在对方的租种土地种了不少沙松，担心土地还给傣族寨子后会影响自家生计。

找到问题症结，鲍卫忠又回去做杨建华等村民的工作，组织双方进行现场调解。

杨建华仍记得，调解当天下着大雨，鲍卫忠厘清争议土地地界、确定沙松数量后，全身已湿透，双手被松针刺破流血不止。经过调解，最后商定：傣族寨子补偿艾嘎家 2000 元苗木钱，艾嘎将土地和苗木交给傣族寨子。双方还在鲍卫忠的协调下，在争议地段用挖掘机挖出分界线。

这起延宕了 8 年的土地纠纷终于画上圆满句号，不久文胜村民小组在这片土地上建起一幢烘干房。

处理好这起纠纷离村后，忙碌的鲍卫忠再也没有回到这里，可杨建华和赵光歆每次路过烘干房，都会想起全身湿透、双脚是泥的鲍卫忠。

第四章

严于律己　清正廉洁

公道正派才能出清风正气，廉洁自律才能塑良好形象。党风和社会风气的根本好转，良好政治生态的营造，要靠全党上下不懈努力。全党同志要严守清正廉洁的政治本色，以良好党风带动政风民风，用实实在在的行动赢得人民群众信任和拥护，从而凝聚起推动党和人民事业不断从胜利走向胜利的强大力量。

——2015年11月20日，习近平总书记在纪念胡耀邦同志诞辰100周年座谈会上的讲话

人民法官 鲍卫忠

述评 | **保持为民务实清廉的政治本色**

作为沧源县人民法院执行局局长，鲍卫忠始终保持敬畏之心，心中高悬法纪明镜，手中紧握法纪戒尺。他严格执行防止干预司法的"三个规定"，给自己和亲友定下"不准为案件打招呼、不准接受送礼、不准打听案情"的"三不准"要求，保持为民务实清廉的政治本色。

面对说情打招呼，鲍卫忠刚正不阿、严词拒绝；面对调解时当事人的吃饭邀请，他严守规矩，自带干粮；即使家庭经济紧张，他也绝不以权谋私；面对当事人误解，他没有丝毫抱怨，用法律的公平正义作为最好的回答；当群众为感谢他把新鲜核桃悄悄留在法院时，他随即赶往当事人家里用钱买下核桃，不让其为难。他用实际行动诠释着法官的职业本色，严于律己，注重家风建设，干干净净做事，清清白白做人。时任沧源县人民法院院长郭兰娟回忆道："在我任职期间,他办理的案子,没有接到任何一起因工作不当或廉洁等问题对他的投诉。"

鲍卫忠深知法律是治国之重器,法治是国家治理体系和治理能力的重要依托,不可用来交易。他用廉洁司法诠释着执法的刚正不阿,让人们从他生前一桩桩为民服务的事迹、一句句平淡务实的话语、一次次奔赴一线的执行中,读懂他的初心和坚守。在他办公室悬挂的"公正执法　清正廉洁"锦旗,就是最好的印证。群众称他为正义"鲍公",也是对他由衷的赞许和肯定。在他带领下,自2015年以来,沧源县人民法院执行局办理的800多件执行案件中,无一起人情案、关系案、金钱案发生。

党的二十大报告指出,公正司法是维护社会公平正义的最后一道防线。只有廉洁司法才能保证公正司法,面对堆积如山的卷宗、复杂的人情关系网,鲍卫忠执法如山、清廉如泉,为广大共产党员作出表率。他用党在百年奋斗中形成的伟大精神滋养自己、激励自己,传承和发扬大公无私、忘我奉献的光荣传统;他坚持公正用权、依法用权、为民用权、廉洁用权,始终保持为民务实清廉的政治本色。

灯火常在,行者不孤。虽然鲍卫忠离开了,但他公正执法、清正廉洁的崇高品格却像一盏明灯,引领着后来人继续前行。

跟师傅一起啃包子

2009年3月，从昆明理工大学法学院毕业不久的俸俊玲来到沧源县人民法院报到，随即被安排到书记员管理办公室工作，鲍卫忠成了她的第一位师傅。

"当时他是书记员管理办公室主任，我是一名刚进入法院系统的'菜鸟'，我们有一年多的时间同在一个科室，也是他教会了我如何做一名优秀的书记员。"谈及10多年前发生的点滴，俸俊玲大部分的记忆已经模糊，但鲍卫忠对一件案子的处理细节不仅让她记忆深刻，而且受益终身。

2009年4月的一天，鲍卫忠与法官赵卫忠以及俸俊玲一行三人前往勐角乡勐角村新寨一组调解案件。因为是第一次下乡调解，俸俊玲很兴奋，一路上围着鲍卫忠问这问那，但这股兴奋劲儿随着路上长时间的颠簸消失殆尽。大家一大早从单位出发，快到中午11点才到被告家中，之后又等了原告半个多小时，调解才正式开始。

▲ 鲍卫忠（左）下乡路上

俸俊玲回忆说，案件并不复杂，但存在一定难度：原告长期在外务工，其父去世时，由与其父相处时间较多的堂哥帮忙操办后事。后来堂哥以原告是女性且丧葬费用是自己出资为由，占用了原告父亲留给原告的房子，随后原告将堂哥起诉至沧源县人民法院。

为了这个案子，法官赵卫忠与书记员鲍卫忠之前已经两次来到新寨一组调解，但因被告不配合，没有达成想要的结果。第三次，他们带着俸俊玲一同前往。在晓之以理、动之以情的反复沟通中，被告终于同意商议归还房产。

时间到了当天的下午1点，已有起色的案件让一行人看到了解决的希望，但此时大家都已经饥肠辘辘。这时被告提议，大家一起在他家里做饭吃。

"我觉得盛情难却，想着大家吃一顿饭应该没关系，可鲍主任果断拒绝了。"俸俊玲说，鲍卫忠耐心地跟原、被告说："你们饿了，你们先做饭吃,等你们吃好了我们继续调解。饭我们就不吃了,我们有规定,不能和你们一起吃饭,也希望你们能够理解。"

被告说:"我知道你们不能单独和我们当中的任何一方吃饭,我们双方一起吃就没事了。再说,我们这里前不着村后不着店的,你们不和我们一起,也没地方吃。"

鲍卫忠说:"我们自己准备了,你们吃,吃好了喊我们一声,我们继续处理案子。"正当原、被告打算再次挽留时,他已带头走出了被告的家门。

几人在离被告家20米左右的一棵大树下坐下。鲍卫忠从背包中拿出一个塑料袋,将早上买的包子发给大家:"饿了吧?先吃个包子垫一垫,等处理完案件,带你们去乡上吃好吃的!"就这样,几个人一边吃着凉包子,一边商量着下一步案情的处理方向。吃完,鲍卫忠还不忘叮嘱俸俊玲:"我们有规定,不能接受执法对象吃请,哪怕原、被告都不介意,我们也要自觉遵守。"

下午2点,原、被告商定好退还房子的时间,案件得到妥善解决。下午4点,俸俊玲也吃到了鲍卫忠允诺的丰盛"午餐"。

这次下乡调解之行,不接受执法对象吃请的纪律意识在俸俊玲心里留下深深的烙印。时至今日,已是沧源县人民法院副院长的俸俊玲,时常会把鲍卫忠的这则小故事讲给刚进入法院工作的年轻人,就像她当年亲身经历时一样……

第四章　严于律己　清正廉洁

退不回去的核桃

沧源县人民法院办公室主任李红英虽不和鲍卫忠在一个部门，但认识他有10年了。

执行局的工作有多难，李红英是知道的，她眼睁睁看着鲍卫忠从一个很精干的小伙子，变成30多岁就白发满头的鲍局长。知道他在每个案件中都倾注了深深的关爱和职业操守，再小的事，只要关乎群众，他都会细致、妥帖地处理好，即使仅仅是一袋核桃。

这袋核桃是一对老夫妇给鲍卫忠送来的，为的是感谢鲍卫忠帮他们和另一方当事人化解了土地纠纷。

两位老人一大早就来到法院，正赶上鲍卫忠带着执行局干警准备出去。看到两位老人，鲍卫忠先是一愣，随即热情地和他们打招呼。老人握着鲍卫忠的手，一边说着感谢的话，一边把手里的东西硬往鲍卫忠身上塞。

"心意我领了，但东西你们拿回去，我们有规定，不能收！"鲍卫忠连忙推让,但老人执拗地说:"这也不是什么贵重东西,只是我们自家山上种的核桃,你拿着尝尝。"然后把东西往鲍卫忠手里一塞转身跑了。

鲍卫忠刚追了几步,手里的核桃没抓好滚落一地,只能无奈弯腰去捡,两位老人早跑得没影了。看到走过来的李红英,鲍卫忠边捡边喊:"小李快来,我请你吃核桃!"目睹了全过程的李红英忙拒绝:"局长,当事人送的不能吃吧?""没事儿没事儿,你先收着,我得赶着下乡了。"鲍卫忠说着把核桃递给李红英急匆匆离开了。

新鲜的核桃还透着枝头的水汽,隐隐散发着清新的气息。就像老人说的,并不是什么贵重东西,但规定就是规定,不可逾越。

当晚7点,李红英拎着核桃敲开了鲍卫忠家的门。看到紧张的

▼ 鲍卫忠(左二)到村民家了解情况

李红英和手中的核桃，鲍卫忠先是一愣，继而哈哈大笑："是不是不敢吃呀？放心吃吧，这是我买的。"见李红英一脸茫然，又解释道："我们下午已经去两个老人的家里，把钱放下了。"李红英这才释然地跟着笑起来，同时也叹服鲍卫忠处理方式的灵活，硬将时鲜的东西还回去不但会有所折损，对两位老人的真诚之心也是一种打击。

"他是手握戒尺的人，也是心中有爱的人。"李红英回想起鲍卫忠处事的种种细节，这样说道，"他在廉洁自律方面对自己要求很严，很多时候，我们只是知道'廉洁'的理念，但应该怎样做，鲍局长给我们作出了示范。"

忘不了的"洋瓜鸡"

咚、咚、咚……2009年7月的一天早上,随着一阵敲门声响,正在办公桌前埋头看材料的鲍卫忠,抬头便看见民事庭审判员陈明红走进办公室。

"鲍主任,我上午要去班洪乡审理一件离婚案,麻烦你安排一名书记员跟我去。"还未等时任书记员管理办公室主任的鲍卫忠开口,陈明红就说明了来意。

不巧的是,当时所有的书记员都派出去了,只剩下鲍卫忠一人。"今天所有书记员都有任务,我跟你跑一趟吧。"鲍卫忠二话没说,随手拎起包就跟着陈明红上了车。

当时,从沧源县城到班洪乡的路况较差,年久失修的路面被来往的车辆碾压得坑坑洼洼,有的地方甚至被压塌。在颠簸近两个小时后,鲍卫忠他们终于来到当事人家里。

"陈姐,您发现没,他们夫妻情绪稳定,应该有和解的可能。"

▲ 鲍卫忠（左二）与检察机关人员共同走访当事人

在当事人家里环视一周后，鲍卫忠和陈明红商量是否先试着调解一番，实在不行再判决离婚。

俗话说，"宁拆十座庙，不毁一桩婚"。对于少数民族群众来说，离婚就意味着家庭四分五裂，意味着被族人看不起。作为一名土生土长的佤族法官，陈明红深知这些道理，为此她同意了鲍卫忠的建议，并和他分开做夫妻俩的思想工作。为了达到预期效果，鲍卫忠提议他去做女方思想工作，陈明红做男方工作。

屋外的知了叫个不停，屋内的和解在紧张地进行着。从了解事情来龙去脉到安抚当事人的悲观情绪，从当事人婚后的幸福生活谈到矛盾的产生，从当事人孩子学习情况聊到双方父母身体状况……经过鲍卫忠和陈明红一上午的努力，当事人终于有了共鸣。"我们一直聊到中午12点多，夫妻俩的态度都有了很大转变。"陈明红回忆说。

临近午饭时间，为了不影响当事人的正常生活，鲍卫忠和陈明红决定等他们吃完午饭后再接着聊，并谢绝了当事人留客吃饭的好意。

忙碌了一上午，饥肠辘辘的他们才想起午饭还没有着落。按照以往的经验，处理这样的案子不用花很多时间，结束后返回县城吃午饭不成问题。因此，鲍卫忠和陈明红连面包、饼干等都没带。然而，更尴尬的是村里连一家小卖部都没有，如果回到班洪乡的街上吃饭来回需要花很长时间。

就在大家为"去哪儿吃饭"而发愁时，鲍卫忠却不知什么时候不见了。过了好一阵子，鲍卫忠笑嘻嘻地出现在大家面前，略显神秘地说："可以吃中午饭了。"

"吃饭？难道这个村子还有餐馆不成？"带着一脸的惊讶，陈明红他们跟着鲍卫忠进入村子。刚来到村民小组长家，就闻到一股浓香的鸡肉味。原来，鲍卫忠向该村民小组长家购买了一只鸡和几个藤上挂着的洋瓜，并借用他家的炊具炖了一锅"洋瓜鸡"。

香喷喷的饭菜下肚后，大家顿感精神饱满，接着又到当事人家继续做工作。经过耐心劝说，调解工作取得圆满成功，女方当事人当面书写撤诉申请，双方都表示今后要好好过日子。

"或许是因为当时太饥饿，或是因为调解工作取得成功而心情舒畅，事隔多年，那顿'洋瓜鸡'的味道我一直记得。"陈明红说。后来她经常做这道菜，然而却怎么也吃不出当年的味道。

第四章 严于律己 清正廉洁

没有实现的西藏之旅

"等钱存够了,我们就去西藏旅行。"在去世半年前,鲍卫忠给妻子周红和儿子们许下承诺。

鲍卫忠和周红都是性格开朗、爱玩爱笑的人,但结婚20多年来,夫妻俩却没有一起外出旅游过。翻开家里的相册,一张游玩的照片都没有,甚至连一家四口的全家福照都只有2张。"他太忙了,忙着照顾父母、忙着工作。"周红无奈地说。

看到朋友在微信朋友圈"晒"的旅游照,周红也很羡慕,甚至会觉得有些委屈。但看到疲惫的丈夫,周红又默默咽下了委屈:"我从没跟他提过想出去旅游。他连睡觉的时间都不够,不可能有时间去旅游。我也知道,钱要留着给孩子看病,要养一家人。"实在心痒了,周红就把在网上看到的风景分享给鲍卫忠,就当和他一起"云旅游"了。

但是,细心的鲍卫忠怎会不知道妻子的心思。

2021年初，鲍卫忠突然告诉周红，再过一段时间，就带她和儿子去西藏旅游。这把周红和儿子高兴坏了。

为了省钱、也为了玩好，鲍卫忠还约了平时相处较好的几位朋友。几家人约定，大家设立一个"旅游小金库"，每月每家人往小金库里存200元，等钱存够了就出发。

等待的日子里，一家人都很憧憬西藏之旅。儿子们缠着鲍卫忠问：西藏在哪里，西藏有哪些好玩的、好吃的？这把夫妻俩难住了，他们悄悄上网搜攻略。眼看小金库一天天充实起来，几家人开始计划行程。

然而，2021年10月23日，鲍卫忠的突然离世，打破了大家的旅行梦，"旅游小金库"也再未启封。

▼ 周红擦拭一家四口的合影

没有实现的西藏之旅,成了鲍卫忠生前的遗憾,刻在周红心底,愈合成一道疤。"他走后,我想带着儿子去西藏,代替他看看他向往的风景,但我又不敢去,怕想起他。"周红说着,眼圈又红了。

其实,鲍卫忠也喜欢旅游。翻开老相册,里面零星夹着几张鲍卫忠一个人的"游客照",他穿着白衬衣,身后是湖面或者地标建筑。这些,都是他在出差途中偶遇美景的匆匆一瞥。或许,当时的他曾想,这么美的风景,以后一定要带妻子和儿子来看看。

人民法官 鲍卫忠

"他心里有咱们老百姓"

2021年7月的一天,忙了一上午的白希平准备关电脑回家吃午饭,妻子已打电话来催了。

"丁零零……"手机响起,是鲍卫忠打来的。"兄弟,单甲几个老乡来城里办事,我在乡下办案赶不回来,麻烦你帮我接待一下,再看看他们是不是有什么困难需要帮忙解决。"接到鲍卫忠的电话,白希平二话不说随手抓起外套就匆匆走出办公室,他边走边打电话给妻子:"临时有事,不回来吃午饭了。"

"你们是单甲来的老乡吧?……"刚走到法院大门,就看到几个老乡。简单交流之后,白希平得知他们都来自同一个村,借来县城办事之机看望他们的"老熟人"鲍卫忠。

白希平带着几名老乡到饭店,请他们吃了一顿饭。"鲍局长心里有咱们老百姓,我们村里好多人都有他的电话号码,什么时候给他打电话都能打通。"席间,大家你一言我一语讲述着鲍卫忠为村民做

▲ 鲍卫忠（左二）在单甲乡工作时和干部群众在一起

的一件件实事。"鲍局长是我们'免费的法律顾问'。"一村民告诉白希平，他曾经担任村民小组长，一次两户村民因宅基地发生纠纷，村组干部几次组织调解都未能成功。无奈之下，他只能打电话向鲍卫忠求助。

鲍卫忠在电话里详细了解事件的来龙去脉之后，建议他以《物权法》相关条款为依据，再组织双方进行调解。"老百姓就认一个'理'字，有了法律依据，调解起来就顺利了。按照鲍局长的建议，矛盾纠纷最终得到有效化解，且双方都心服口服。"该村民说。

村民告诉白希平，他们很信任鲍卫忠，在制定村规民约时，为防止内容与现行法律冲突，村里还专门请鲍卫忠帮忙"把关"。

闲聊中，时间一分一秒流逝。饭后，白希平把他们送到客运站，送上开往单甲的中巴车。

白希平与鲍卫忠是同事也是发小，还住同一个院子，俩人的关系铁如亲兄弟，这样的"代劳"之事他已习以为常。"他在单位时，我就跟他一起接待村民，他没在就全权委托我处理。"白希平说。

"鲍哥，您家里开销那么大，为何还要经常接待村民？"白希平曾经这样问过鲍卫忠。他的回答非常简单："村民也是朋友。"

第四章 严于律己 清正廉洁

"103"号警车

"鲍局长不是在办案就是在办案的路上,很少见他在办公室。"在很多同事的记忆中,鲍卫忠大部分时间都在执行的路上,陪伴他的还有那辆常年跋山涉水、饱经风雨的"103"号警车。

"我们执行局那辆车牌号尾数为'103'的警车,虽然才跑了14万公里,车况却每况愈下。"鲍卫忠生前的同事李志远说,沧源县很多山路路况较差,晴天尘土飞扬,雨天坑洼泥泞,常常一侧是塌方、滑坡,另一侧是百米深的陡坡和悬崖,有时去一趟40公里外的乡村,要花两三个小时。常年行驶在这样的路面上,"103"号警车落下了一身的"病",半道上熄火抛锚、爆胎、异响等各种状况时有发生。

2018年5月的一天,鲍卫忠带着李宏亮和李志远驾驶着"103"号警车去沧源县岩帅镇某村执行一起案子。雨过天晴,李志远紧握着方向盘在湿滑的路上谨慎驾驶着,坐在副驾上的鲍卫忠和后排的李宏亮交流着办案心得。

人民法官 鲍卫忠

"咯咯咯……"汽车行驶到半路,轮毂突然发出异常响声,李志远急忙把车停到路边查看。平日里的一些小故障,对车况了如指掌的鲍卫忠都能轻松处理,但这次显然超出了他的能力范围,三人合力也没能检查出车辆的问题所在。

"这个地方'前不着村后不着店',也找不到修车的地方,是不是联系修理厂把车拖去维修?案子改天再去执行。"李志远看着一旁的鲍卫忠说。

"已经通知当事人双方到村委会等候了,现在是农忙时节,如果改时间会影响他们开展农业生产。"最后,鲍卫忠决定跑一段路再查看一下。就这样,一路上车子走走停停,原本两个小时的路程,用了近四个小时才到达。

▼ 鲍卫忠的同事驾驶"103"号警车在执行路上

沧源县单甲乡永武村曾经是沧源县人民法院的挂钩扶贫点。2019年6月的一天，鲍卫忠和执行局几名同事驾驶着"103"号警车到永武村开展帮扶慰问工作。

然而，汽车行驶中，发动机发出异常声响。"汽车的发动机就好比人的心脏，如果出了问题后果不堪设想。"为此，李志远不敢再继续前行。"鸟哥，怎么办？"大家都在等鲍卫忠拿主意。

或许是考虑到一车人的安全问题，沉默片刻后，鲍卫忠一边让李志远联系修理厂将车拖回去维修，一边打电话到单位协调另外车辆。大约40分钟后，拖车和替换车一前一后缓缓驶来，大家有序地将"103"号警车上的慰问物资转移到接替车辆上，继续向永武村方向驶去。

第五章

有情有义　热血男儿

真情，需要用社会主义核心价值观来引领，需要用中华民族传统美德来滋养。真情，是不虚、不私、不妄之情。真情不虚就是要忠诚老实、诚恳待人，真情不私就是要砥砺品德、刚正无私，真情不妄就是要光明磊落、坦坦荡荡。唯有如此，亲情、友情、爱情、同志之情才能高尚恒久，才能有益于自己，有益于亲人、友人、所爱之人、同志之人，也才能铸就守望相助、天下同心的人间大爱。

——2017年1月26日，习近平总书记在2017年春节团拜会上的讲话

述评 | 铁汉柔情　人间大爱

生活中的鲍卫忠是什么样的人？

同事、朋友说，鲍卫忠有情有义，每年会带动他们一起献爱心，给一所贫困小学捐款；会给参加司法考试却萌生弃考想法的同事打气鼓劲，帮他找回信心；会关心同事，连续10年邀请不回家过年的同事到家中过节。

村民说，驻村挂职的鲍卫忠是个热心人，他熟悉村里的每一户人家，谁家干净整洁，谁家孩子在哪儿上学、成绩如何，谁家老人需要照顾，他都一清二楚，对那些留守家庭的老人和孩子特别关照。

妻子周红说，他奉行孝道，父亲瘫痪在床的10年里，只要有空，鲍卫忠就会细心地帮着擦身体、洗脚、按摩，推着出门晒太阳；同时，他也是个骨子里充满浪漫的人，会给妻子弹着吉他唱《特别的爱给特别的你》。但他也是个不称职的丈夫和父亲，结婚10年后才和妻子拍了婚纱照；由于工作繁忙，直到小儿子手术前夕才赶到医院陪伴……

　　身边人回忆起鲍卫忠生前的点滴，总有无尽的话题。这位外表黑壮、内心柔软的汉子，对家人体贴关怀，对朋友、同事爱护有加，对群众更是赤诚谦逊、耐心细致。正是因为他这样用心生活，才能够对身边的人、对群众生活中的酸甜苦辣产生深刻的情感共鸣，才能把群众的需求放在心上，把为民情怀深深根植在心里，并用他的"铁汉柔情"赢得民心。这份"铁汉柔情"，有司法的公平和正义、睿智和赤诚、文明和善意，还有用生命诠释对党和人民的忠诚。他让我们看到公平正义是如此真实、如此质朴、如此鲜活，它体现在每个用智慧力量兑现胜诉权益的时刻、每个用善良真诚为民排忧解难的瞬间。

　　习近平总书记指出："用心用情精准服务，努力在平凡的岗位上创造出不平凡的业绩。"鲍卫忠是平凡的，他是一位平凡的父亲、平凡的丈夫、平凡的基层法官、平凡的共产党员。就是在这些平凡的角色中，鲍卫忠用他不平凡的信念、精神和行动，燃尽自己，点亮不平凡的人生，创造出不平凡的业绩。

　　谁说英雄只懂冲锋？谁说铁汉不解柔情？奋战在司法一线24载，行程上万公里，鲍卫忠不仅是一心为民的佤山法官，也是有情有义的热血男儿。

迟到 10 年的婚纱照

婆婆和儿子不在家，夜深人静时，周红忍不住又拿出丈夫的照片一张张翻看、整理。

周红最爱看的是那张婚纱照。照片上的鲍卫忠穿着花衬衣，头发乌黑浓密、微卷，他双手搂着周红，笑得十分甜蜜。照片旁边写着"十周年"的字样。

1999 年 5 月 5 日，鲍卫忠与周红领取了结婚证。由于工作原因，两人异地分居，聚少离多，迟迟没有举办婚礼。"人家都跟你领了证，赶紧把婚宴办了，不能亏欠了人家姑娘。"鲍卫忠的父亲催促他，并召集双方父母亲戚，共同商量定下了婚期。

婚期定下之后，周红有了新期待，她悄悄告诉鲍卫忠："我想拍一组婚纱照。"穿上洁白的婚纱，是每个女孩的梦想。那个时候，拍婚纱照是一件很流行的事，周红也想追赶潮流。"好好好，我们也拍婚纱照。"鲍卫忠宠溺地说。

▲ 结婚多年后，鲍卫忠与妻子周红补拍的婚纱照

谁知，商定婚期的当天下午，鲍卫忠的父亲因突发脑溢血住院治疗。经过抢救，虽保住了性命，但却终身瘫痪。这对于还沉浸在婚礼期待中的小两口来说，无疑是晴天霹雳。

悲伤过后，鲍卫忠和周红毅然主动承担起照顾父亲的责任。瘫痪的父亲离不开人，夫妻俩一下班就匆匆忙忙往家赶，接表弟的班，给父亲喂饭、擦洗身子、聊天解闷。把父亲照顾妥当后，两人才有时间休息。

眼看婚期一天天接近，婚纱照还没有拍。"算了，不拍了。"看着为工作和家庭操劳而身心疲惫的鲍卫忠，周红十分心疼，主动放弃了梦寐以求的婚纱照，就连婚礼也是草草了事。

9年后，鲍卫忠的父亲去世。在这9年间，周红再也没有提起过拍婚纱照的事。

2009年，鲍卫忠陪周红到临沧市区检查身体。在路过一家婚纱店时,鲍卫忠突然停下脚步,望着橱窗里的婚纱出神。"你干什么?"周红不解地问。"以前答应过你拍婚纱照的,今天终于有机会弥补了。"鲍卫忠说。不等周红反应,鲍卫忠就拉着她径直往店里走。

周红没有想到,一直不善表达爱意的丈夫竟然还记得10年前的承诺。在惊讶与感动交织中,周红披上了洁白的婚纱。

"那个时候的他,比刚结婚时胖了不少,但头发还是乌黑浓密的。"周红一边翻看婚纱照,一边笑,"当时他还选了件大红花的衬衣,被我笑话了好久。"

手捧照片的周红在笑,照片中的鲍卫忠在笑,他怀中搂着的周红也在笑。

第五章 有情有义 热血男儿

等不到回复的微信

"买了个小礼物，明知送不出去，还是想买给你，因为今天是个特别的日子。天边的你，远方的你，我好想你。"

2023年6月29日凌晨，周红醒了，再也难以入睡。床头的礼物盒一再提醒她：今天是个特别的日子，是丈夫鲍卫忠的生日。

礼物盒里装着一枚精致的打火机，时兴的充电装置，金属外壳能映出人影。这是周红精心挑选了好久的礼物。

鲍卫忠爱抽烟，身上总带着烟味。周红闻不惯这个味道，也担心抽烟伤身体，总是让丈夫戒掉。鲍卫忠嘴上答应，但并不行动，尤其是工作压力大时，一支接一支地抽。后来，周红灵机一动，偷偷把他的打火机藏了起来，看着他烟瘾犯了却找不到打火机的着急样子，周红在心里偷着乐。

鲍卫忠走后，周红反而想念那缕消失的烟味。

遥远的思绪被拉回，周红反复抚摸着打火机，点燃、熄灭、点

人民法官 鲍卫忠

燃……不知不觉,天边已泛起晨光,街上人声开始嘈杂。隔壁房间里,儿子们已经起床。该准备早餐了,还要送孩子们上学。

周红抹去眼泪,习惯性打开微信给鲍卫忠发消息:"买了个小礼物,明知送不出去,还是想买给你,因为今天是个特别的日子。天边的你,远方的你,我好想你。"

"他走后,我仍然经常给他发消息,开心时和他分享,难过时和他倾诉,但再也等不到他的回复了。"周红说。编发信息时,周红总觉得鲍卫忠还在。可久久等不到的回复,又把她拉回现实。

鲍卫忠走后,聊天记录里的双向奔赴变成周红一个人的自言自

▼ 鲍卫忠去世后,周红还会习惯性地给丈夫发微信

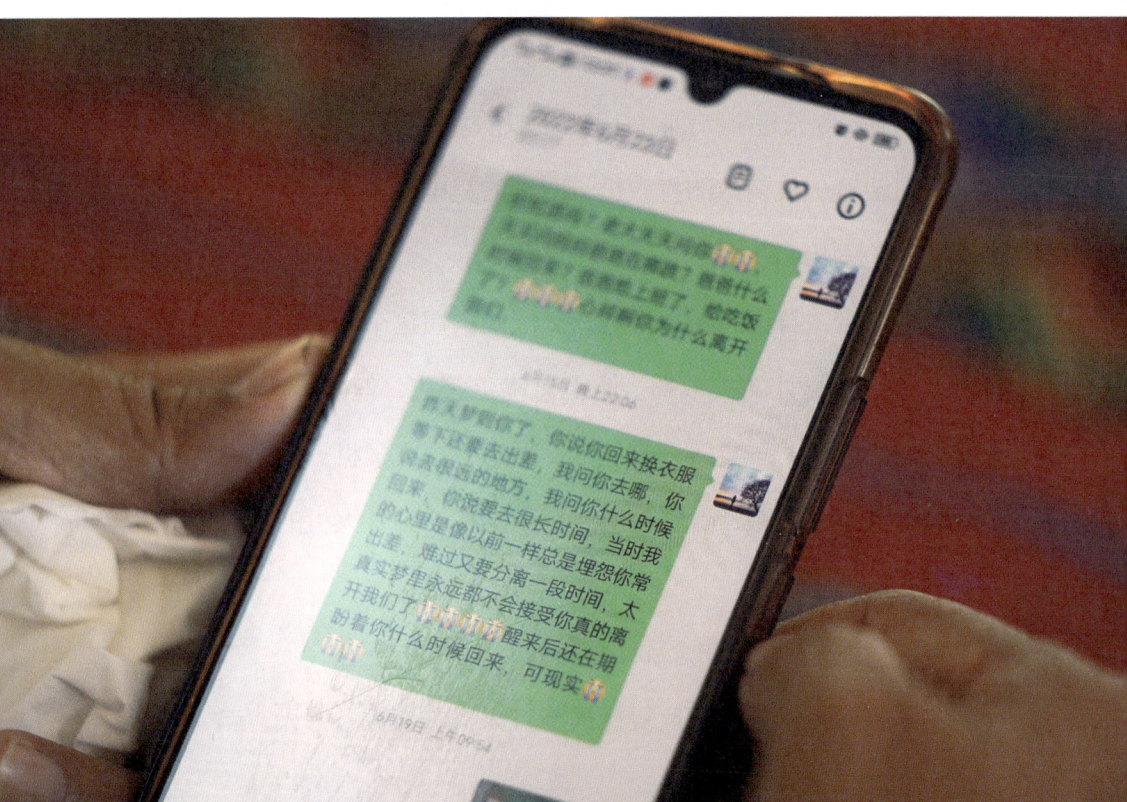

语。明知等不到回复，周红依然默默倾诉：

"好想你，再过两天就是咱俩领结婚证的纪念日了……"

"今天母亲节，老二跟奶奶去勐冷水库玩，我没有去，怕触景生情。多希望你只是暂时离开……"

"今天是5·20，往年我都会收到你的爱意，今天我再也收不到你的爱了。老公，在另外一个世界的你还好吗？"

"昨天梦到你了，你说你回来换衣服，等下还要出差，我问你去哪，你说去很远的地方，我问你什么时候回来，你说要去很长时间。"

…………

消息发送后，无尽的等待，终归于沉默。

周红不知道的是，在鲍卫忠去世后，同事们整理他的办公室时，发现了一张随手涂鸦的稿纸，上面写满了"鲍卫忠"和"周红"。或许，在多年前的某天，鲍卫忠突然想起周红，因不方便联系，只能反复写着她的名字，以表达思念之情。

此时的一条信息，彼时的一张涂鸦，汇成时空交错的思念。

两枚热乎乎的煮鸡蛋

在熙熙攘攘的沧源县汽车客运站，开往临沧市区的客车马上就要发车了。上车前，鲍卫忠拉住鲍永民，从口袋里掏出两枚热乎乎的煮鸡蛋，塞到他手里。

"当时物资比较匮乏，普通人家吃不上鸡蛋，能吃饱米饭已经很难得，他竟然把家里仅有的两枚鸡蛋给了我。"说起 40 年前的事，已经 55 岁的鲍永民有些哽咽，眼里泛起泪花。

鲍永民和鲍卫忠在十几岁时就相识了，因为他和鲍卫忠的哥哥是同学。初中毕业后，鲍永民考上临沧市农业学校。临开学前，鲍永民背上行李，带着父母给的十几元钱出门，走了 20 多公里山路，从糯良乡到县城汽车客运站买车票。

当时车少人多，车票不好买，排了半天队，才买到第二天到临沧市区的车票。这就意味着，鲍永民要在县城住一晚。

买完车票后，鲍永民身上的钱已经不多，而住一晚招待所的费

▲ 年轻时的鲍卫忠（后排左二）和朋友在一起

用将近 1 元钱，鲍永民舍不得。

鲍永民打算到县城老电影院周围去碰碰运气，因为那里人多，说不定能遇到熟人接济一下。但转悠了半天，一个认识的人都没有遇到。有些灰心的鲍永民坐在路边，打算在车站或者路边对付一宿。

露宿街头，对这个年轻人来说，有些羞耻。尤其是年轻姑娘投来的异样目光，让鲍永民羞得脸红。

"永民哥，你怎么坐在这里？"鲍永民抬头一看，原来是鲍卫忠兄弟俩。鲍永民很高兴，又有些不好意思，支支吾吾说出了自己的难处。"走，今晚就住我家。"鲍卫忠向鲍永民发出热情邀约。

来到鲍卫忠家后，鲍永民心里有些过意不去：鲍卫忠一家 6 口人，但只有两个房间，父母住一间，4 个孩子挤一间。显然，鲍永民的到来，让小孩的房间更拥挤了。

然而，鲍卫忠的家人丝毫没觉得被打扰，热情欢迎鲍永民的到来。鲍卫忠兄弟俩张罗着给鲍永民铺床,翻出他们珍藏的小人书给鲍永民看,还拿出好吃的零食招待鲍永民。鲍卫忠的父母做了丰盛的晚餐,热情款待鲍永民。这一夜,鲍永民睡得香甜。

第二天一大早,鲍永民就被烟火味熏醒了,原来是鲍卫忠在劈柴做饭,煮了一大锅面条。"鲍卫忠人很细心,他知道我到临沧要坐六七个小时的车,怕我路上饿,都替我考虑到了。"鲍永民说。

吃完早饭,鲍卫忠兄弟俩把鲍永民送到车站。临上车前,鲍卫忠拉住鲍永民,掏出两枚热乎乎的煮鸡蛋递给他。鲍永民记得,这是鲍家仅有的两枚鸡蛋,头一天晚上,鲍卫忠的弟弟吵着要吃,还被他父母呵斥了一顿。

"把鸡蛋给了我,你回家会不会挨骂?"鲍永民担心地问。

"不会,你放心吃。"鲍卫忠说。

汽车启动了,车窗外的鲍卫忠兄弟俩向鲍永民挥手告别。车窗里,鲍永民握着两枚温热的鸡蛋,心里热乎乎的。

第五章 有情有义 热血男儿

特别的爱给特别的你

夜深人静时，等到老人和孩子睡下，周红会悄悄拿出相册，翻看里面的一张张照片。

看到照片上鲍卫忠年轻时的青涩模样，周红的眼泪忍不住流了下来，思绪也被拉回到 20 多年前。

鲍卫忠来自县城，周红则是地道的农村姑娘，原本并无交集，但当他们在沧源县单甲乡初次相见时，鲍卫忠就如同宝玉初见黛玉："这个妹妹，我是见过的。"

于是，在 20 多年前那个阳光明媚的上午，正汗流浃背在乡镇篮球场打球的鲍卫忠和好朋友鲍永民对了个眼神，故意将篮球滚到恰巧路过的漂亮女孩脚下。那是分配工作后，第一天到乡镇中心学校报到的周红。

"嘿，小姑娘，把篮球丢过来。"

周红被吓了一跳，扭头看到了一脸"坏笑"的鲍卫忠，她没有理会便离开了。

女孩没给好脸色,鲍卫忠只好自己跑过去把球捡了回来,边走边冲着鲍永民抱怨:"这个姑娘,有点拽嘛。"

那年,女孩18岁,男孩19岁。

周红成为一名小学教师,鲍卫忠则继续在农经站上班,一切波澜不惊。

周红一直以为,两人的这次见面纯属偶然,但她不知道,其实鲍卫忠"早有预谋"。

"乡镇上年轻女孩少,所以听说有一批女教师要分配到镇上,我们专门跑到学校向校长打听了情况。"鲍永民还记得,就是那天,鲍卫忠一眼就被照片上漂亮的周红吸引了。

▼ 周红抱着鲍卫忠生前使用的吉他

第五章 有情有义 热血男儿

单甲乡很小，抬头不见低头见，不久后两人便又见面了。

1996年教师节那天，乡上组织文艺活动，多才多艺的鲍卫忠参加的节目是舞蹈表演。在台上跳得正起劲的他看到坐在台下的周红，竟然走了神，动作也一错再错。

看到对方的滑稽模样，周红忍不住哈哈大笑。

鲍卫忠有些恼火，冲着周红瞪了几眼，嘴里还念念有词。时隔多年后，周红说："那是急眼的鲍卫忠正在骂我呢！"

乡下的日子苦中有乐，作为农经站科技宣传员，鲍卫忠需要经常到村里推广科学种植技术，周红则兢兢业业坚守三尺讲台。

随着见面机会增多，周红对鲍卫忠逐渐有了好感，但谁也没有挑破这层"窗户纸"。后来，在与朋友约着一起外出游玩时，鲍卫忠不失时机地摘了一束野花塞到周红手里，并拿出吉他，坐在女孩身边，弹上一曲《特别的爱给特别的你》。

周红问："你要送给谁？"

鲍卫忠默不作声，脸却瞬间红到了脖子根。

快乐的日子并未持续很久，两人确定恋爱关系后，考验也接踵而至。经过努力自学，鲍卫忠考上了县法院的岗位。这本是好事，可收到通知那天，鲍卫忠却怎么也高兴不起来。

离开单甲乡的日子终于还是来了，周红帮鲍卫忠收拾好行李，把他送上开往县城的汽车。

汽车渐行渐远，透过沾满尘土的玻璃，周红看到鲍卫忠在不断抹眼泪。

"我打电话问他为什么要哭，但他什么也没说。"周红理解鲍卫忠的不舍，也隐藏着自己的难过。在结婚20多年后，她无意间在自己的一本音乐教材中发现了丈夫留下的一封信，上面写着这样一句话："在没有你的日子里，我真的不知道会怎样？"

周红瞬间泣不成声。此时，鲍卫忠已去世数月。

真的爱上一个人，思念会长草，在看不见对方的日子里密密麻麻地从心里面钻出来，挠得心痒痒。于是，在每一个有空的日子，鲍卫忠都会迫不及待地骑上摩托车，在泥泞的乡道上行驶4个多小时，突然出现在周红面前。看到对方一身灰尘，周红每次都既心疼又感动。

有一天，在送走了鲍卫忠后，她在笔记本里发现了一张纸条，上面写着："努力挣钱，给老婆买钢琴。"

她知道，自己这辈子，已经离不开这个男人了。

第五章 有情有义 热血男儿

写给爸爸的信

一转眼，鲍卫忠去世快两年了，可妻子周红和年幼的孩子依然难以释怀，尤其是小儿子鲍汭更为敏感，自从爸爸去世后，他变得更加沉默寡言。

举行追悼会那天，鲍汭哭得很伤心。但让周红感到意外的是，自此之后，她再也没见鲍汭哭过，有时他甚至会安慰妈妈，懂事得让人心疼。

有一次，周红在整理照片，当她拿着鲍卫忠的照片流泪时，鲍汭走进屋来，看到妈妈在哭，便安慰道："妈妈，我们要坚强，您还有我们呢。"

随着时间推移，鲍汭从起初的不相信，渐渐明白"爸爸不在了"意味着什么。

2023年清明节，周红问鲍汭："你想爸爸吗？"

鲍汭的眼泪夺眶而出："想！"

▲ 鲍卫忠与家人为数不多的一张合影

"那我们给爸爸写封信吧。"周红说。

就这样，在妈妈的指导下，读小学四年级的鲍汭，给父亲写下了这封永远也寄不出去的感人肺腑的信。

信件原文：

亲爱的爸爸，您离开我们不知不觉快两年了。我时刻都在想念着您，每次上学、放学路过你们法院，妈妈总会按响汽车喇叭告诉您，她送我们上学了，而我和哥哥也会在心里默默地告诉您："爸爸，我们上学了。"没有一次不在回家的路上搜寻您的影子。有时我会第一个起床下楼找您，我以为这样就能重新见到您。您走了，却把思念和回忆留给了奶奶、妈妈、哥哥和我。亲爱的爸爸，您感觉到了吗？我们很想您！

父爱无边。2021年10月23日，就在那一天，我和哥哥失去了最敬爱的父亲。您走得如此匆忙，来不及留下一句话，留下的只是无尽的遗憾。我再也无法和哥哥一起扑在您身上玩闹，再也无法听到您的耐心教导和爽朗笑声，在病床上睁开眼再也看不到您趴在床边打呼噜，只能在心底想您。您走后，我和哥哥好想您，哥哥总是问妈妈："爸爸什么时候回来？""妈妈，爸爸吃饭了吗？""妈妈，我们什么时候才见得到爸爸？"……哥哥的天真却让妈妈偷偷落泪。

在我的记忆里，您对生活总是充满信心和热情，用自己的一言一行影响并教育着我们。记得有一次，妈妈生了病，脾气很暴躁，总是唠叨，我没有听妈妈的话，还跟妈妈顶嘴发火，最后摔了东西。那是您第一次严厉地教育我，并告诉我妈妈那是因为生病了才会这样。虽然我并不了解妈妈的病情，但在我的眼中，您总是那样将心比心，设身处地为人着想，您的为人处世深深打动着我。爸爸，您走后，有关您的事迹和报道让我理解了您为什么经常加班到很晚才回家，有时还要到很远的地方出差；理解了为什么我们生病时很少有您的陪伴；理解了周末妈妈带我们出去游玩时，为什么没有您的身影……原来那时，您依然奔波在执行公务的路上。我想在以后的日子里，成为像您那样的人。

爸爸，我已经从一个小毛孩成长为小学四年级的小男子汉了。您放心，我会照顾好奶奶、妈妈和哥哥的。无论您走到哪里，我们都会听到您的声音；无论您走多远，我们都会看到您的笑容。

亲爱的爸爸，您在我们的心里永远是不落的太阳，您将永远活在我们的心中！

第五章 有情有义 热血男儿

拼接的结婚照

在朋友和同事眼里,鲍卫忠在生活中经常迟到,比如,大家聚会时,他最后一个来,却第一个走。面对大家的疑惑,他总是笑着回答:"忙啊!事情多。"

朋友们也理解他的工作,偶尔调侃一两句后便不再多说。

这种忙碌,似乎贯穿了鲍卫忠在法院工作的 20 多年,案子一件接着一件,下乡一周接着一周。在妻子周红看来,鲍卫忠似乎永远有办不完的事情,以至于即便是在办理结婚证这么重要的日子,他也迟到了 5 个多小时。

1999 年 5 月,恋爱 3 年后,鲍卫忠和周红决定走进婚姻殿堂。"办理结婚证那天,我在乡民政所等了他整整一个下午。"周红说,办证之前,她已经提前打电话和鲍卫忠约好了时间和地点。可那天下午,因为单位临时有事耽搁,鲍卫忠又迟到了。

周红苦等了几个小时,心情从激动、期待,慢慢变成生气。鲍卫忠迟迟没有现身，眼看民政所的工作人员即将下班，周红也急了，找来两张二人的证件照，拼接后贴在了结婚证上，请工作人员在证上盖了章。随后，周红拿着结婚证，坐在民政所门口又等了许久，鲍卫忠才骑着摩托车匆匆赶来。

看着小跑过来的鲍卫忠，周红瞪着眼一句话不说。鲍卫忠自知理亏，内疚不已，不断地解释。"当时原本是一肚子气，但看到他骑了4个多小时摩托车，浑身是灰尘，眼睛布满血丝，想生气也生不起来了。"周红说。

看到妻子逐渐消了气，鲍卫忠还不忘开起玩笑："现在你已经转正了，就不要再生气了。"周红也忍不住笑了起来。

后来的日子里，好几次和朋友在一起吃饭聊起这件事，鲍卫忠还和朋友开玩笑说："我还没赶到，她就已经把结婚证办好了。"说完后哈哈大笑。

▼ 鲍卫忠和周红的结婚证

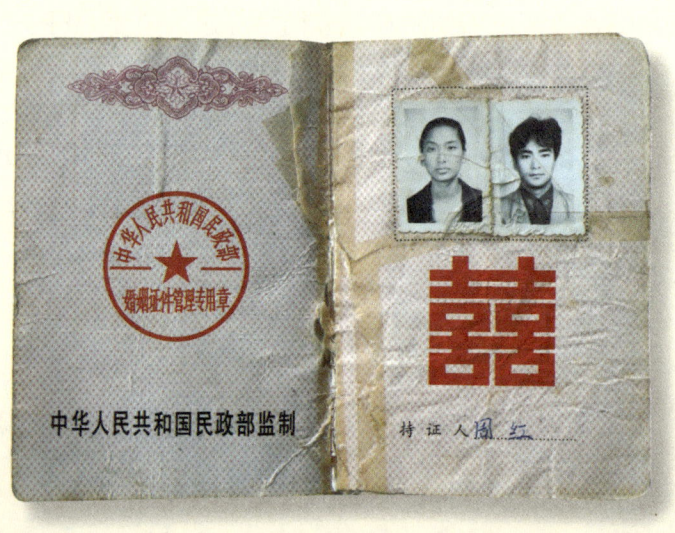

第五章 有情有义 热血男儿

妻子的自责

在不少同事眼中,这些年来,鲍卫忠除了头上多了不少白发外,身体并不差。妻子周红也觉得头发白不算大问题。

事实上,在繁忙的工作背后,他的身体早就发出了危险的信号。但直到鲍卫忠去世后,周红才意识到丈夫 2015 年的那次身体预警,当时她大意了。

2015 年的一天,连续加班好几天的鲍卫忠回家后,两眼一黑,重重地摔倒在卫生间门口,头上磕出一道大口子。这把一家人吓坏了,赶紧将他送往医院。

"检查后,医生说他缺钾、血压过高,须住院治疗。"周红回忆道,也正是在那一段时间,鲍卫忠的手上开始出现一片一片的白斑。

原本以为鲍卫忠会老老实实地住几天院,可没想到打完几瓶点滴后,他就坚持要出院上班,无论周红怎么劝说都没用。

后来的日子里,高血压、手上的白癜风成了鲍卫忠身上的顽疾,

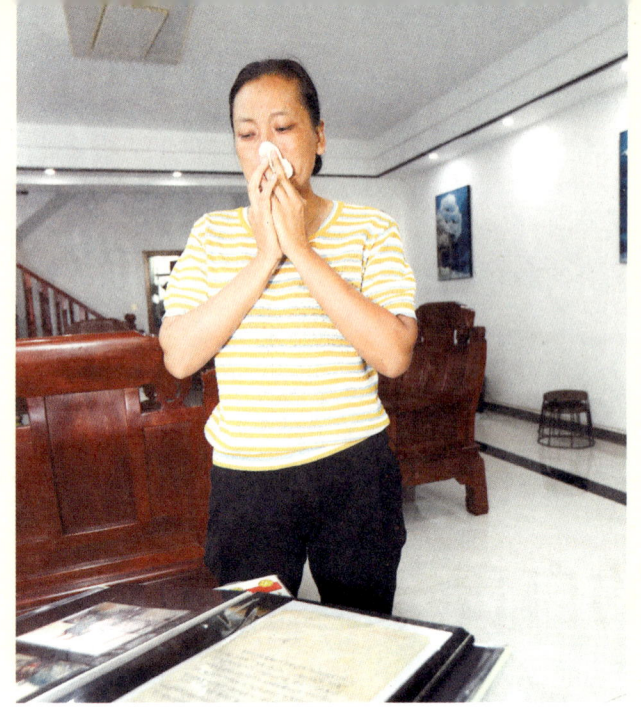

▲ 周红回忆往事时泣不成声

他的睡眠质量也越来越差。周红记得，有好几次丈夫半夜说梦话都在催工作："快点、快点……"

虽然身体隐疾越来越多，但为了不耽误繁忙的工作，鲍卫忠从未进行过系统诊治。

2021年国庆节前夕，因为要带儿子到昆明复查身体，此前多次劝说鲍卫忠到大医院检查身体未果的周红，终于找到了合适的机会。

"我想让他跟着一起去昆明，既送孩子，他自己也可以全面检查一下身体。"周红原本以为一家人这次应该能够成行，奈何计划没有变化快。"国庆节期间，他连续加了7天班，处理了一些积案。"周红说。

"他答应我们，孩子放暑假时一定陪我们去，可是……"周红并没有等到那天的到来。

2021年10月21日，鲍卫忠倒在了办公桌旁，两天后，因医治

164

无效去世。没有将丈夫及时带到医院检查，周红深感自责，并成为她最大的遗憾。

"我如果当时把他揪去，也许就不会是这个结果了。"周红说，鲍卫忠曾经和她一起许下的愿望：一起送孩子上大学、退休后到山里养鸡、老了一起去跳广场舞……如今，这些承诺再也无法兑现了。

不称职的父亲

鲍卫忠真的很忙，尤其是最近几年，他手上的案子一个接一个，经常忙得不着家，有时候一出差就是一个星期。即便回到家里，电话也是一个接一个，以至于妻子周红不止一次地觉得，"自己好像是一个人在过日子"。

2012年，双胞胎儿子的出生，给这个家庭增添了不少快乐。不过即便如此，忙碌的鲍卫忠陪伴家人的时间依然很少。

鲍卫忠去世后，周红找遍家里的冲印相册和手机相册，一家四口的合影仅有3张。

"从陪伴的角度来说，他不是一个称职的父亲。"周红还记得，2016年，刚满4岁的小儿子反复发烧需要住院，可去医院那天，鲍卫忠又出差了。此后一年间，周红独自带着儿子往返于沧源、临沧和昆明的儿童医院，做各种检查和治疗。她身心俱疲，对丈夫的抱怨也多了几分。

周红还记得，直到 2017 年儿子做手术的前一晚，满眼血丝的鲍卫忠才匆匆赶到医院。周红一直觉得鲍卫忠顾家少，心里委屈，看到丈夫后眼泪一下子就流了下来。

那天是鲍卫忠难得的陪伴孩子的时光，他趴在病床前，给儿子讲故事，缓解他术前的紧张感。"但没过多久，孩子没睡着，病房里却响起了他的呼噜声。"看到丈夫疲惫的样子，周红把所有的抱怨都咽了下去，"那一刻我才发现，他也是需要被呵护的人。"

尽管鲍卫忠陪伴孩子的时间很少，但忙碌的他却记得孩子们的每一个愿望，并认真记录在笔记本上。

▼ 鲍卫忠与双胞胎儿子的合影

▼ 鲍卫忠生前在笔记本上写着想带儿子去看的几部电影名字

在他去世后,同事们在收集整理他的办公室时发现,在他的一本笔记本中,整齐地写着几部电影的名字。

那是两个儿子念叨了许久的愿望,也是鲍卫忠的愿望,可最终也没能实现。

第五章 有情有义 热血男儿

外地同事的节假日

由于时间太久远,以至于沧源县人民法院勐省法庭庭长彭加广认真回忆了很多次后也数不清楚,他到沧源工作后,究竟在鲍卫忠家过了多少个春节。"最少也有10次吧,肯定不会少于这个数字。"彭加广说。

也许是法官的职业习惯,彭加广的表达并不十分感性,每一句从他口中说出的话,都要想得很清楚,但一提起已经去世的老大哥鲍卫忠,这个中年男人忍不住眼睛红了。曾经的那段过往岁月,在他的口中变得清晰起来。

2004年大学毕业后,彭加广通过考试到沧源县人民法院工作。"从家乡曲靖富源只身来到这里,可以说举目无亲。"彭加广还记得,他刚到法院报到时,心中充满了惶恐,身处陌生的环境,一切都需要去适应。

身在异乡的人,最怕过节,初入社会的彭加广也是如此。

▲ 鲍卫忠（右一）和同事们一起开展普法宣传

"2005年中秋节，因为路远回不了家，我自己一个人待在宿舍里，看着窗外月亮慢慢升起来，心中感到一阵酸楚。"彭加广说，那天晚上他正郁闷时，手机突然响了起来。

"兄弟，在哪里啊？今天过节，快来我家吃饭，等你呢。"彭加广听出了鲍卫忠的声音，还没等他客套一句，电话那边便匆匆挂断了。

彭加广的心怦怦跳，他抑制住激动的心情，小跑到鲍卫忠家。"才进门，嫂子就递给我一碗热乎乎的鸡汤。"彭加广还记得，那天接过碗时，他忍不住想掉眼泪。

看着眼前这个有些动情的小兄弟，鲍卫忠却道起歉来："兄弟，对不住，刚刚才下乡回来，本来早上就要给你打电话的。快来快来，把这里当自己家，你来了团圆饭才开席呢。"

时隔多年后，想起当时的场景，彭加广依然有些动容。

原本以为只是偶尔的关心，殊不知老大哥的关心一直持续了10多年。后来的日子里，逢年过节只要不回家，鲍卫忠都会把彭加广等外地同事请到家中一起聚聚，李佳方也是其中一员。

2016年3月，李佳方来到沧源县人民法院工作时，家人还在耿马县。得知情况后，鲍卫忠逢年过节邀请同事小聚的名单中，就增加了李佳方的名字。

每年的"五一"假期，沧源县都会举办"摸你黑"狂欢节，按照"放假不放人、放假不松劲"的要求，李佳方在任沧源县人民法院党组书记、院长的6年多时间里，都会选择在沧源度过"五一"假期。而李佳方每年都会收到鲍卫忠的邀请。

"他家的院子就在路边，每次同事去家里做客，他和家人都会热情地招待。"李佳方回忆说，特别是在每年的"摸你黑"狂欢节期间，会有很多佤族朋友来鲍卫忠家做客，而其他没办法回家的同事和朋友，也会跟他们一起烤肉、喝茶、舂野菜，享受佤族传统节日带来的欢乐。

"干工作就像做人一样，一定要认真。"在鲍卫忠家，李佳方经常会听他讲起这句话。在这样的非正式场合，鲍卫忠更愿意将工作与为人处世的道理结合在一起讲述，而这样凡事率先带头、言传身教的方式，也让鲍卫忠在工作和生活中得到同事和朋友的认可。

鲍卫忠的言行，让单位里家在外地的同事感到特别温暖。"那是鲍局长家，也是我们的家。"彭加广说。

"前一个中秋节，就在那个熟悉的客厅里，鲍局长还教我用佤语唱那首《月亮升起来》。只是我五音不全,始终唱不好。"彭加广知道,10多年了,习惯了那里的团圆热闹,习惯了那里的美味,可这样的日子,再也没有鲍卫忠了。

第五章 有情有义 热血男儿

热心肠的老同学

1982年至1988年期间，鲍卫忠就读于沧源县城区小学，南琴是他的同班同学。

三四十年前发生的与鲍卫忠有关的故事，南琴已很难记起。"爱笑、爱闹、憨厚"是少年鲍卫忠留存在南琴脑海里的形象。2012年，朋友间的一次偶然聚会，南琴再次见到了久别后的鲍卫忠，她感觉这个老同学一点都没变。

同学间的情谊拉近了彼此的距离，在不断寻找老同学的过程中，"小二班"微信群应运而生，南琴和鲍卫忠都是群里的骨干。

"随着成员不断扩容，我们想通过微信群，号召大家一起做一些有意义的事情。"南琴说。2017年春节期间，恰逢已经退休的"小二班"班主任从昆明返回沧源，在那次同学聚会中，大家一致认为，要尽自己的微薄之力，为条件设施落后的小学和生活困难的小学生提供力所能及的帮助。

作为发起人和执行负责人,同为"热心肠"的鲍卫忠和南琴十分重视这项看起来并不起眼的"工作"。经过商议,大家最终选定糯良乡怕拍村小学作为"小二班"帮助的学校。

"当时,这所学校的师生在简易的木板房里上课,条件十分艰苦,来这里上学的孩子基本都来自贫困家庭。"南琴说。2017年"六一"儿童节前夕,当她与"小二班"的同学确定要一起到怕拍村小学看望孩子们时,她第一时间收到了鲍卫忠的叮嘱——"一定要注意出行安全",以及微信上转过来的500元钱。

2017年,由于工作太忙,鲍卫忠错失了跟同学一起去看望孩子们的机会。2018年刚进入5月,鲍卫忠就提醒南琴:"南姐,今年'六一'别忘了抽时间去学校看看孩子们,定好时间提前通知我。"

▼ 学生时代的鲍卫忠(右一)和同学们在一起

与这条信息同时发给南琴的还有500元钱。

与2017年如出一辙，鲍卫忠再次错过与"小二班"同学的聚会。觉得有些亏欠，鲍卫忠这次在单位加完班后，提前来到糯良乡政府附近的一处鱼庄，等待大家从学校归来。"他当时就站在鱼庄门口，一边憨厚地笑着与大家握手，一边不停地说着抱歉的话，那个样子就像他做错了什么事情。"南琴说，"每次去学校探望，他都是'小二班'第一个捐资的同学，也是捐资最多的同学。"

随着新校舍建成，贫困学生补助政策逐步完善，2019年是"小二班"同学最后一次共同到怕拍村小学看望孩子们。因为工作繁忙，鲍卫忠再次缺席，但他托付南琴带给孩子们的500元慰问金，已经跟他的情谊一起，按时送达。

灯影下的少年

"小陈哥，辛苦了。"卷发少年迎了出来，瘦弱的肩膀上泛着温暖的灯影，他接过陈韶背上沉重的卷宗材料包。

30多年前的这一幕，沧源县人民法院四级高级法官助理陈韶依稀记得，喊"小陈哥"的少年就是鲍卫忠。

1990年，鲍卫忠上初中时，楼上搬来了新邻居——26岁的陈韶。当时陈韶刚入职沧源县人民法院。发现来了新邻居，鲍卫忠热情地邀请陈韶到家里玩。

没过多久，鲍卫忠发现，一连几天都没有见到陈韶了。他有些担心，就问在沧源县人民法院工作的父亲鲍光明是怎么回事，原来，陈韶去"找案子"了。

20世纪八九十年代，沧源县村村寨寨不通路、不通电，村民出山难、进城难，并且没有法律意识，导致法官普法难、接案难。为了帮助山区群众解决法律问题，努力让人民群众感受到公平正义，

▲ 少年时的鲍卫忠（前排左一）和家人的合影

沧源县人民法院的法官要走遍村村寨寨去"找案子"。

"找案子"一般2人一组，一名法官带一名书记员。上午7点，他们就要出门，除了带干粮，还要带上10多套空白卷宗、送达文书等材料，方便遇到案子就地办案。他们背着沉重的行囊翻山越岭走村串寨，几十公里的山路，一路上遇不到人，倒是拦路的蛇虫多。"找案子"期间，法官只能借住在村里，吃自带的干粮，用稻草铺成床。

听父亲说完，鲍卫忠更加担心陈韶，同时也对法官这个职业产生了敬仰之情。"他们要去几天呢？"鲍卫忠问。"不知道，案子办完就回来了。"父亲鲍光明说。"办案子是怎么办的呢？"鲍卫忠围着父亲问长问短。在父亲和老法官们的熏陶下，小小的鲍卫忠心中种下了"法官梦"。

又是一个深夜，陈韶还没有音信。鲍光明睡不着，打着手电筒就往法院走。鲍卫忠也翻身起床,追了出去说:"爸,等等我,我跟您一起去法院。""你明天要上课,快回去睡觉去。"鲍光明大手一挥。可鲍卫忠不听,跟在父亲身后出了门。

法院里亮起一盏温暖的灯光。望着黑夜,伴着虫鸣,父子俩陷入漫长的等待。吱呀一声,法院大门被推开了,打瞌睡的鲍卫忠被惊醒了。他直奔门口,看到了那个熟悉的身影:"小陈哥,你们终于回来了。"

看到鲍卫忠,陈韶有些惊讶:"你怎么还不睡?"

"他说要跟我一起等你们回来。"鲍光明也迎出来说,"好了,你们回来我们就放心了,快回去好好休息吧。"

夜深了,几个长长的身影穿过街巷。看着灯光下的少年,陈韶心里暖暖的。

第五章　有情有义　热血男儿

一封迟到 22 年的信

"红，你好，也许是太想你，昨夜怎么都无法入睡，闭上眼睛都是你的影子，我好怕，怕什么自己都不知道。再过几天就是我的生日了，没有你在身边，真不知道会怎样，不过想起你对我的爱，心也暖了起来……"

2022 年清明节，周红在家备课，她在翻阅《幼儿歌（乐）曲简易伴奏编配法》时，一张陈旧发黄的信纸突然飘落，映入眼帘的是丈夫鲍卫忠熟悉的字迹。刚看了开头几句，周红的眼泪便夺眶而出。丈夫去世后，周红不知道哭过多少次，但这一次最痛。

词中有誓两心知。信中的每一个字都能让周红忆起和丈夫的点点滴滴。这封信的落款是 2000 年 6 月 24 日。这一年他们刚结婚不久，鲍卫忠在沧源县人民法院工作，周红在单甲乡工作，一个在县城一个在乡镇，电话和书信成了两人主要的联系方式。

那时，鲍卫忠刚入职法院，他清楚这个工作专业性强，仅有高中学历的他深感学习的重要性，于是他把思念之情深埋心底，每天除了工作就是学习，后来他相继取得了大专、本科学历。

"领结婚证的当天，他都能迟到。那时，他经常加班到凌晨，出差一走就是好几天，我们偶尔也会短信交流，但只是简单地嘘寒问暖。"周红说。

发现这封信的当天，周红在自己的朋友圈写道："无意间发现了这封信，是不是冥冥之中你想告诉我，你是有多么爱我。"

22年前，鲍卫忠写下这封信，但为何没有寄出？"按照当时鲍卫忠的生活和工作状态，写完这封信后他可能是接到了重要的工作任务，或是有其他紧急事务要处理，也可能只是他想简单记录一下心情。"周红说。

▼ 周红手捧迟到22年的那封信

了解鲍卫忠的人都知道,这个憨厚的佤族汉子,虽然不善言辞,但对待事情认真执着,工作如此,对待爱人亦是如此,就像他在信里写的:"无论在什么地方,我的爱依旧。"

　　周红将这封信收藏在一本相册里,里面有鲍卫忠生前的照片和媒体的报道。多年后,等孩子们长大,她想让孩子们更直观地了解自己的父亲,以父亲为榜样。

人民法官 鲍卫忠

没能兑现的诺言

2021年5月,沧源县人民法院执行局执行民警李志远被派到班老乡营盘村驻村,并担任营盘村第一书记。

营盘村是中缅边境上一个典型的抵边村。"那时驻村真的太难了。"回首两年的驻村工作,李志远记忆中只有一个字——难。

刚到营盘村时,正好碰到村委会翻修办公楼,整个村委会就是一个施工工地。只能住帐篷,在临时搭建的简易棚里做饭……面对简陋的工作、生活环境,李志远或多或少有些怨言。

"志远兄,你在营盘村生活还习惯吗?工作开展有没有困难……"这是李志远到营盘村驻村刚满一周时,接到鲍卫忠打来的第一个电话。当时,鲍卫忠是沧源县人民法院党组成员、执行局局长,他的这个电话让李志远很是欣慰。"他那么忙还不忘打电话关心我,令我很感动。"李志远说。

环境差尚能克服,但随后的高强度工作以及家庭压力等,让李

▲ 2021年8月，鲍卫忠（右二）在芒摆山头参与边境立体化疫情防控项目建设

志远这位佤族汉子有些吃不消。

2021年，恰逢疫情防控最艰难时期，营盘村作为抵边村疫情防控形势更加严峻。开展网格化管理、防范"偷引带"行为、带队巡逻卡点……作为驻村第一书记，很多工作都需要李志远去亲自部署、带头落实，他每天都忙得疲惫不堪。

屋漏偏逢连夜雨。正当李志远忙得不可开交时，传来了妻子病倒的消息。

"疫情防控关键时期，一方面脱不开身，另一方面从边境进城要隔离一段时间。"李志远说，当时有一种欲哭无泪的感觉。最终，他只能狠下心让妻子一人去临沧市人民医院住院，并委托在同一医院住院的朋友家属帮忙照顾。

一连几天，李志远都神情恍惚，一边牵挂着妻子的病情，一边担心孩子是否能自己照顾自己。就在他感到很无助时，鲍卫忠来看他了。

一天，刚带队巡逻卡点回村委会的李志远听到院子里传来汽车鸣笛声，他抬头向窗外望去，一眼便认出那个熟悉的车牌号"103"。

车子刚停稳，鲍卫忠就迅速从车上下来说："我们来隔壁村办一件案子，顺路来看看你。"

那天，鲍卫忠没有像往常一样来去匆匆，而是主动留下来和李志远吃了顿饭才走。"这边工作特殊，难度也不小，如果有什么困难就提出来，我们一起想办法。""没有困难，有困难也能克服。"弟兄相见无须多言，几句简单的安慰足矣。

临别时，鲍卫忠向李志远承诺，过一段时间再来看望他。然而，这次鲍卫忠没能兑现诺言。仅过了两个月，李志远就收到了他去世的消息。

第五章　有情有义　热血男儿

"赶考"路上你我同行

"我能通过国家司法考试,与鲍大哥的支持和鼓励分不开。"初见沧源县人民法院执行局局长罗靖,他似乎还未从鲍卫忠牺牲的阴影中走出来。罗靖和鲍卫忠关系甚好,年龄稍长的鲍卫忠对待罗靖如亲弟弟一般。

2008年,罗靖和鲍卫忠一起报名参加国家司法考试。当时,罗靖还在沧源县人民法院勐省中心人民法庭工作,由于孩子刚出生需要照顾,加上前期复习不充分,他便萌生了弃考的想法。

"一年才有一次考试机会,还是不要轻易放弃,车票我都帮你买好了。"在鲍卫忠不厌其烦的劝说下,罗靖同意去试试。

考点设在大理下关,勐省镇是沧源县城到下关的必经之地。第二天,罗靖早早来到路边等车。

刚上车,罗靖就看到鲍卫忠那张挂着憨厚笑容的脸。"你备考时间久,又参加过省高院组织的培训班,应该不成问题。"在疾驰的客车上,鲍卫忠和罗靖一边讨论考试事宜,一边相互鼓励着。

学得好不好,考场见分晓。这次鲍卫忠和罗靖都没有复习好,尤其是罗靖,考完后情绪低落,回到宾馆后一个劲儿地抱怨考题太难,并且把所有学习资料全部扔进垃圾桶,表示从此不再参加司法考试。

"兄弟,你好歹也是科班出身,基础比我好得多,怎么就轻言放弃呢?如果每个新来的干警都像你这样,以后法院案子谁来审?"

……

就在你一言我一语的交流中,罗靖被鲍卫忠说服了:"他的每一句话都饱含着良苦用心,而且我能感受到他确实在设身处地为我着想。"

回到沧源,罗靖又投入紧张的备考中。为争取早日"上岸",罗

▼ 鲍卫忠获得国家司法考试合格证书

靖再一次报名参加省高院举行的为期3个月的考前脱岗培训班。

8月的昆明,雨季还未结束,小雨淅淅沥沥下个不停,坐在自习室里,罗靖的思绪也随之飘远。闲暇周末,即便天气不好,学员们也大多出去活动了,往日座无虚席的自习室里只剩下寥寥数人。

"丁零零……"一阵急促的电话铃声响起,罗靖拿起手机一看,是鲍卫忠打来的。"兄弟,晚上有空吗?一起吃顿饭。"听到电话里传来熟悉的声音,罗靖欣然答应。

"接到电话那一刻,我有一种想落泪的感觉。"罗靖说,鲍卫忠是借陪妻子到昆明看病之机,特意抽出时间来看望罗靖的,他知道一个人在外待久了难免会有思乡之情。挂了电话,罗靖就匆匆往鲍卫忠预订的小饭馆赶去。

他乡遇故知,两人寒暄一番,没等他们放开紧握的双手,菜已上齐。鲍卫忠是个细心的人,罗靖喜欢吃的都点上了。兄弟俩一边吃一边唠家常,当然也少不了叮嘱罗靖好好复习。

饭后回到宿舍,罗靖发现包里多了一盒茶叶,不用猜也知道是鲍卫忠为他准备的。

2009年,罗靖终于通过国家司法考试,鲍卫忠十分高兴,还专门为他庆祝了一番。罗靖成功"上岸",给了鲍卫忠莫大的鼓舞和动力。接下来的几年里,鲍卫忠坚持一边工作一边复习。2012年,鲍卫忠也顺利通过国家司法考试。

如今,斯人已逝,罗靖接任了执行局局长一职,鲍卫忠的精神时刻鼓励着他奋勇前行。

球技不高的篮球队长

"别看他挺着个肚子,在球场上跑起来,并不慢呢!"回想起鲍卫忠在球场上驰骋的样子,他的同事兼好友、沧源县人民法院副院长俸俊玲笑着说,"虽然命中率不高,但他敢于出手,每场比赛都能投进几个球。"

鲍卫忠喜欢打篮球吗?除了人们耳熟能详的他与妻子周红"因篮球结缘"的爱情故事,同事们再没听他说过有这个爱好,也没见过他在业余时间参与这项运动。"我觉得是他喜欢大家聚在一起做一件事的感觉吧,同事们也愿意在他的号召下,一起做这件事。"俸俊玲说,之前单位有举办篮球赛的工会活动,院领导都会让他组织大家参加,而他也乐在其中。

沧源县人民法院男女篮的水平,与当地县直机关单位以及法院系统内部其他单位相比,多年来一直不占上风。虽然每次比赛县法院男女篮的排名都比较靠后,但这并不影响鲍卫忠组织大家参与这

▲ 鲍卫忠（右一）参加县直机关单位篮球赛

项活动的积极性，球队也多次获得"最佳组织奖"。

"鲍局长球打得一般，但只要他在，球队就不会乱，我们就像有了主心骨。"在沧源县人民法院工作的同事回忆称，男篮比赛中的暂停一般都是鲍局长来叫，暂停时他不会批评队员，而是用他随时挂在脸上的笑容鼓励大家注意打配合、不要着急。"一个球队不能只靠一个人，我们一定要团结。"鲍卫忠在球场上的这句话，让很多人印象深刻。

在沧源县人民法院，鲍卫忠是女篮球队的领队兼教练。"对于我们这种处于中下游水平的球队来说，这件事其实不难，但需要耐心和细致。"对于鲍卫忠经常说的这句话，俸俊玲印象深刻，大家已经习惯了各类篮球赛事都由鲍卫忠来负责操持。2022年4月，沧源县检察院邀请沧源县人民法院打一场篮球友谊赛。赛前，俸俊玲接到对方的电话："问一下你们打算穿什么颜色的球服，避免我们穿同色……"讲完参赛细节,对方继续说:"拿起手机,又习惯性地去拨打鲍局长的号码,刚拨出去,忽然想起,那个熟悉的声音已经离我们远去……"听到熟悉的名字,俸俊玲沉默了,泪珠顺着脸颊滚落下来。

鲍卫忠去世后,俸俊玲承担起他在女篮扮演的角色,每次比赛,她都会把大家召集在一起,讲团结、讲拼搏,通过一场场篮球比赛激发大家干事创业的热情。

后记

在佤语里,"江"是公平、公正的意思。在佤族传说中,一位叫"三木罗"的英雄因为办事公平公正,被称为"江三木罗"。

多才多艺的鲍卫忠生前最爱弹唱《阿佤人民唱新歌》,这位坚信"我们办理的不仅仅是案子,更是边疆的和谐稳定、民族的团结进步"理念的佤山法官,在当地群众心中,成为现实中的"江三木罗"。

2023年7月,云南省委主题教育领导小组印发《关于在全省学习贯彻习近平新时代中国特色社会主义思想主题教育中开展向鲍卫忠同志学习的通知》,要求全省各级党组织和广大党员干部在主题教育中深入学习鲍卫忠同志先进事迹,把榜样的力量转化为干事创业的强大动力,全力推动党的二十大部署的各项战略任务在云南落地生根。

为帮助广大党员干部学习鲍卫忠同志先进事迹,云南省委组织部决定组织人员编写这本书,并由《云岭先锋》杂志社抽调精干采编力量赴临沧市沧源县、临翔区等地挖掘梳理了鲍卫忠的事迹材料。

历史的潮流奔涌向前，平凡的细节震撼人心。作为扎根边疆基层法院24年的人民法官，鲍卫忠的故事细小琐碎，却感人至深。他所做的每一件事，看似平凡、普通，可回顾他24年的法官生涯，这些平凡的故事已汇聚成河，流淌在佤山的每一寸土地上。

鲍卫忠的先进事迹犹如一口深井，看似平淡无奇，却总抽不干、挖不完。经过精挑细选，我们最终确定了51个典型故事，形成了《人民法官鲍卫忠》一书。

本书按照"对党忠诚　信念坚定""牢记宗旨　一心为民""公正司法　担当作为""严于律己　清正廉洁""有情有义　热血男儿"五个板块进行编排。每个板块包含习近平总书记相关重要论述、编写组撰写的述评和若干单篇故事。

采编过程中，我们没有过多考虑故事发生的时间顺序、事件大小等因素，重点选择能充分反映鲍卫忠先进事迹的素材，以便让广大读者更加全面地了解鲍卫忠。

本书的编写过程，也是我们采编团队学习和接受教育的过程，大家感受到的是精神的震撼和心灵的洗礼。

本书的采编出版，得到中央组织部党建读物出版社的悉心指导和帮助，云南省高级人民法院、临沧市委组织部、临沧市中级人民法院、沧源县委组织部、沧源县人民法院等单位及相关同志给予了大力支持，在此一并致谢！

后 记

平凡人身上的不凡事,因为真实,所以走心。鲍卫忠扎根边疆为民服务多年,令人感动的故事很多很多,挖掘采写中难免有遗漏。不足之处,敬请读者朋友批评指正。

本书编写组

2023 年 9 月

图书在版编目（CIP）数据

人民法官鲍卫忠 / 中共云南省委组织部编著 . —北京：党建读物出版社，2023.9（2023.10 重印）
ISBN 978-7-5099-1551-6

Ⅰ.①人… Ⅱ.①中… Ⅲ.①鲍卫忠—先进事迹 Ⅳ.① D263

中国国家版本馆 CIP 数据核字（2023）第 176232 号

人民法官鲍卫忠
RENMIN FAGUAN BAO WEIZHONG
中共云南省委组织部　编著

责任编辑：仲辑
责任校对：张学民
装帧设计：魏宇　嘉信一丁
出版发行：党建读物出版社
地　　址：北京市西城区西长安街 80 号东楼（邮编：100815）
网　　址：http://www.djcb71.com
电　　话：010 - 58589989 / 9947
经　　销：新华书店
印　　刷：北京中科印刷有限公司

2023 年 9 月第 1 版　2023 年 10 月第 2 次印刷
710 毫米 ×1000 毫米　16 开本　13.25 印张　126 千字
ISBN 978-7-5099-1551-6　定价：39.00 元

本社版图书如有印装错误，我社负责调换（电话：010 - 58589935）